丝路明珠

手机扫一扫，看视频、听音频

视频

莫高窟

飞越敦煌

一事一生，一人一窟
赵声良

一事一生，一人一窟
苏伯民

一事一生，一人一窟
王惠民

一事一生，一人一窟
赵晓星

音频

《丝路明珠》
全书朗读

2021年主题出版重点出版物

写给青少年的
敦煌故事

敦煌研究院 编　赵声良 主编

丝路明珠

孔令梅 著

读者出版传媒股份有限公司
甘 肃 教 育 出 版 社

图书在版编目（CIP）数据

写给青少年的敦煌故事．丝路明珠 / 敦煌研究院编；赵声良主编；孔令梅著．-- 兰州：甘肃教育出版社，2021.12

ISBN 978-7-5423-5322-1

Ⅰ.①写… Ⅱ.①敦… ②赵… ③孔… Ⅲ.①敦煌学—青少年读物 Ⅳ.①K870.6-49

中国版本图书馆CIP数据核字（2021）第277101号

写给青少年的敦煌故事 丝路明珠

敦煌研究院 编　赵声良 主编　孔令梅 著

策　　划　王光辉　薛英昭　孙宝岩
项目负责　伏文东　王露莹　何佩佩
责任编辑　伏文东
装帧设计　石　璞　雷们起　张小乐
视频支持　敦煌研究院　敦煌市融媒体中心
图片支持　敦煌研究院
音频支持　甘肃飞天电子音像出版社

出　版　甘肃教育出版社
社　址　兰州市读者大道568号　730030
网　址　www.gseph.cn　E-mail　gseph@duzhe.cn
电　话　0931-8436489（编辑部）　0931-8773056（发行部）
传　真　0931-8435009
淘宝官方旗舰店　http://shop111038270.taobao.com

发　行　甘肃教育出版社　印　刷　山东新华印务有限公司
开　本　787毫米×1092毫米　1/16　印　张　14.5　字　数　140千
版　次　2021年12月第1版
印　次　2021年12月第1次印刷
书　号　ISBN 978-7-5423-5322-1　定　价　58.00元

总序

敦煌石窟包括莫高窟、榆林窟、西千佛洞等，共800多个洞窟，其中有5万多平方米的壁画和2000多身彩塑。1900年在莫高窟的藏经洞出土了6万多件古代珍贵文献和艺术品。这些无限丰富的文物，构成了敦煌文化的主体。

那么敦煌文化到底有什么价值和意义呢？习近平总书记在敦煌研究院座谈时指出，敦煌文化是各种文明长期交流融汇的结晶。敦煌文化展示了中华民族的文化自信。

敦煌作为中国古代通向西域的重要门户，中华文明同来自古印度、古希腊、古波斯等不同国家和地区的思想、宗教、艺术、文化在这里汇聚交融。敦煌文化就是中外文化交流的结晶，它见证了中华民族和丝绸之路沿线的各国各民族共同推动人类文明向前发展的历史。敦煌文化还体现了中国文化的包容性，包括对宗教的包容、民族文化的包容、审美价值取向的包容。这种包容性使敦煌文化具有世界性。

100多年前，敦煌藏经洞文物流失海外，引起了各国学者对这些文献的研究，形成了世界性的学科——敦煌学。经过100多年的发展，今天，世界上已有20多个国家的学者在进行敦煌学和相关领域的研究，敦煌学成为中外学者相互交流的重要内容。我国的敦煌学研究曾经历了曲折的阶段，从最初“敦煌在中国，研究在国外”的状况发展到了今天学术研究走在世界前列。特别是改革开放以来，中国的学者对敦煌文化各个领域都进行了深入研究，推出了越来越多的研究成果，极大地促进了相关科研、教育及文化建设的发展。今天我们正处在中华文化振兴和繁荣的大时代，挖掘并传播弘扬优秀传统文化，是我们研究者义不容辞的责任。

文化是需要传承的。我们要将敦煌文化广为传播，让全社会都了解敦煌，并从敦煌文化中获得中华优秀传统文化的滋养，从而更好地弘扬传统文化，树立文化自信。青少年是祖国的未来，让我国的青少年从小就学习、了解敦煌文化的真髓，有利于他们正确把握我国优秀传统文化的精神。本套丛书就是希望通过青少年喜闻乐见的方式，以适合青少年年龄特征和阅读习惯的文字，深入浅出地把敦煌文化传递给他们。希望越来越多的青少年朋友们通过这套丛书了解敦煌文化、热爱敦煌文化，并从中获得丰富的知识和灵感，提高自身的文化艺术素养。

赵声良

2021年12月

目录

秦汉时期的敦煌

魏晋十六国北朝时期的敦煌

隋唐时代的敦煌

吐蕃统治下的敦煌

归义军时代的敦煌

回鹘、西夏、元时期的敦煌

明清之际的敦煌

敦煌文化的保护与传承

敦煌周边的文化遗迹

XIEGEI
QINGSHAONIAN
DE
DUNHUANG
GUSHI

写给青少年的
敦煌故事

秦汉时期的敦煌

东汉大学者应劭注释《汉书·地理志》时，将敦煌解释为“敦，大也；煌，盛也”。取盛大、辉煌之义，象征汉朝的文明德行犹如日月一样辉煌盛大。

敦煌之名的由来和地理位置

敦煌之名的由来

敦煌之名，最初见于《史记·大宛列传》:“始月氏居敦煌、祁连间。”《汉书·西域传》也记载“乌孙本与大月氏共在敦煌间”。

敦煌这个名字是什么意思呢？关于其含义，有多种说法，概括来讲，主要有以下两种观点。

一种观点认为，敦煌是我国古代少数民族对此地命名的音译，主要有月氏语音译、匈奴语音译、羌语音译等说法，或者是“吐火罗”的通俗叫法。根据战国及秦汉时期对边疆地名、族名等翻译时常省去其他音节、只取两字的习惯，有学者认为，在《山海经·北山经》中所记载的焉耆至罗布泊一带的“敦薨”与《史记·大宛列传》中所记载的“敦煌”，都源于“吐火罗”的音译。

另一种观点认为，敦煌一词是具有广大、繁盛含义的地名。自古以来，就有对敦煌之名的解释。东汉大学者应劭注释《汉书·地理志》时，将敦煌解释为“敦，大也;煌，盛也”。取盛大、辉煌之义，象征汉朝的文明德行犹如日月一样辉煌盛大。唐代的李吉甫在《元和郡县图志》中解释为“敦，大也，以其广开西域，故以盛名”，说明了敦煌对于开拓西域的重要意义。

汉武帝时期，汉朝取代了匈奴在河西地区的统治，并设立敦煌郡，敦煌作为汉朝行政区划中的一个郡置而存在。敦煌之名，从古至今一直沿用。

敦煌的地理位置

对于广大读者来说，敦煌是一个遥远而神秘的地方。敦煌位于今甘肃和新疆两省区交界处。具体说来，它位于甘肃省西北部河西走廊的最西端，南面临近祁连山，北面与天山支脉连接，东面是三危山，西面接塔克拉玛干大沙漠。这是一片周边被高山、沙漠和戈壁包围的

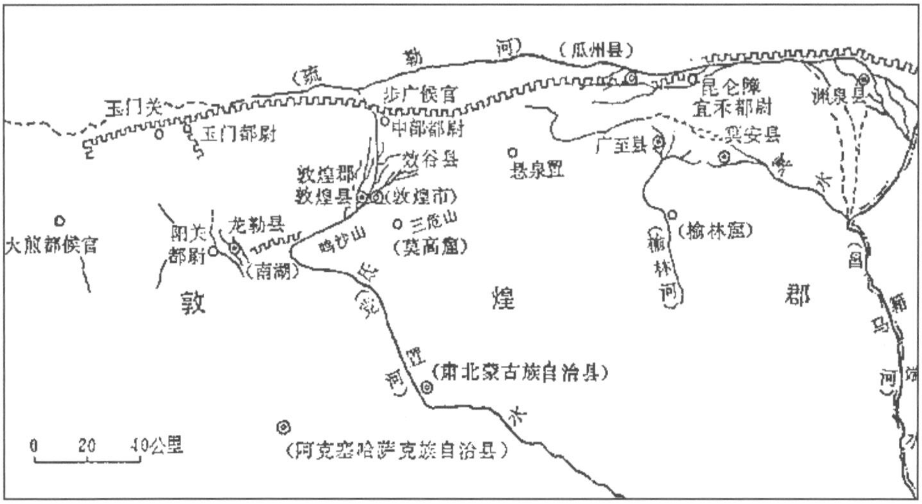

汉代敦煌地理位置示意图

绿洲之地。党河从祁连雪山上流下，浇灌着敦煌绿洲，滋养着敦煌的世代居民。由于周边都是漫无边际的戈壁和沙漠，敦煌自古便是中原通往西域陆上交通要道的重要节点，是古代连通中西的咽喉之地。往来的使者、商旅、僧人等都在这里休息，在得到补给后，继续下一站的行程。

各族人民聚居在这里，从事着农业、牧业生产，繁衍生息，他们以不同的文化背景共同创造了光辉灿烂的敦煌文化。先秦时期，敦煌以塞族人（包括大月氏、乌孙等族群）为主，他们过着游牧生活，逐水草而居，且勇猛善战。

敦煌像沙漠戈壁上的一颗绿色宝石，镶嵌在我国河西走廊这片广袤的大地上。

秦汉之前的敦煌

秦汉之前的敦煌，许多古老的族群先后在这里繁衍生息。早在尧舜禹时代，就有三苗族在这里生活。据《尚书正义·舜典》记载，舜曾经“窜三苗于三危”。三苗族原来生活于长江流域，被舜流放至三危地区。据《水经注》记载，三危就是敦煌三危山。当然，这只是一种说法而已。古书的记载需要充分的考古发现佐证及研究论证，或许当时尧舜禹时代的活动势力还没有达到河西敦煌一带。

据敦煌附近玉门地区的考古所见，距今3600多年的火烧沟文化是敦煌地区的古代文明，与中原的华夏文明同期，相当于夏代。火烧沟遗址有很多墓葬，其遗物中有牛羊马的骨骼，羊骨最多。据此，可以推测当时火烧沟人的牧业发展情况，与当地居民“主牧羊”的史书记载一致。

春秋战国之前，敦煌主要的居民是塞族人，包括月氏、乌孙、匈奴人等。《史记·大宛列传》记载“始月氏居敦煌、祁连间”，《汉书·张骞传》亦记载“（乌孙王）昆莫父难兜靡与大月氏俱在祁连、敦煌间”。乌孙是河西走廊古老的民族之一，乌孙王难兜靡时期，乌孙人被月氏打败，其土地被月氏占领，后来乌孙王昆莫率众投奔匈奴，依靠匈奴的力量打败了月氏，迫使月氏人迁徙到大夏，乌孙人则居于其地，实力逐渐增强。

月氏也是河西走廊古老的族群之一。战国时期，月氏在敦煌以东直至乌鞘岭的河西地区过着游牧生活。他们的势力一度比较强盛，严重威胁着周边的乌孙、匈奴。秦朝时匈奴人曾经将太子冒顿送到月氏做人质，秦朝末年，冒顿逃出月氏，回到匈奴，杀死老单于，自立为单于。从这时起匈奴开始反击月氏，月氏不断败退，开启了西迁的历史。他们中的一部分迁到伊犁河流域，为了躲避匈奴军队的进攻，继续西迁至大宛，后来还统治了大夏地区，这一部分人被称为大月氏。一小部分没有西行的月氏人，南越祁连山，在河西地区生活，后被称为小月氏。

匈奴是我国古代北方一个骑在马背上的游牧民族，骁勇善战，兴起于公元前 3 世纪，衰落于 1 世纪。起初其势力范围主要在蒙古高原，强盛时期其势力范围东起内蒙古东部，向西直到葱岭一带，北抵贝加尔湖，南达长城。秦汉之际，在冒顿单于的领导下，匈奴逐渐强盛起来，甚至赶超一度称霸草原的月氏，遂对月氏发动了三次大规模的战争，将月氏人赶出河西地区。其中第三次战争的匈奴头领是冒顿单于的儿子老上单于，他杀了月氏王，并将月氏王的人头当作饮酒器具。月氏人怀着莫大的耻辱和仇恨，离开了河西地区。匈奴浑邪王和休屠王控制了河西地区，扼守着中西交通的命脉。敦煌也处在匈奴的势力范围内。匈奴袭击过往行人，并对周边及中原地区进行侵扰，阻碍了中西交通的发展。

汉朝时期的敦煌

公元前206年，刘邦建立汉朝。汉王朝建立之初，经历了长期的战争，国家积贫积弱，汉高祖开始休养生息，恢复国力，努力重塑社会秩序，发展社会经济。而汉朝初期，匈奴正处于空前强大的时期，不断向南侵扰汉朝，给汉朝造成了莫大的威胁。面对匈奴在北部及西北的威胁，汉朝积极寻找解除威胁的办法，根据国力的发展变化，不断调整对匈奴的政策。

和亲政策

由于汉初国力还比较衰弱，经济萧条，牲畜奇缺，无法与强大的匈奴作战，所以只能采取和亲政策来缓和关系。

公元前200年，汉高祖刘邦亲率大军与匈奴交战，由于一时轻敌，造成了被匈奴人围困的“白登之围”，后来使人暗中送厚礼给匈奴阏氏，才得以脱困。脱身之后，他采纳了娄敬的和亲策略。从汉高祖到汉景帝的六七十年时间里，汉朝公主远嫁匈奴单于和亲，维持了匈奴和汉朝一段时间内的友好关系。西汉历史上，曾有10位汉朝公主被送到匈奴和亲，她们为汉朝与匈奴之间的和平相处作出了重要贡献。其中最著名的就是昭君出塞的故事。

据《汉书》《后汉书》记载，王昭君，南郡人，汉元帝时被选为宫女。当时匈奴单于呼韩邪来到汉朝，元帝夸其不忘恩德，乡慕礼仪，将后宫5名宫女赐予单于。富有智慧的王昭君听说要在宫中选人和亲，主动请求去和亲匈奴。元帝遂将昭君赐予呼韩邪单于。据说，昭君容貌秀丽。临行之前，元帝召见了她，深深地被她的容貌所打动，后悔将昭君嫁给匈奴单于，但是既然已经将她许配给单于，也只好信守诺言了。

王昭君乘着马车从长安出发，一路上演奏着悲凉的曲子，天上的大雁看到美丽的昭君，听到悦耳的音乐，竟忘记了飞翔，从天上跌落了下来。这就是典故沉鱼落雁中“落雁”的由来。王昭君千里迢迢来到匈奴，成为单于的夫人，调和了汉朝与匈奴的关系，维系了汉朝和匈奴几十年的友好关系。

王昭君的故事广为流传，在敦煌藏经洞出土的文献中多有发现有关王昭君故事的写本，如法国国家图书馆藏敦煌文献P.2553《王昭君变文》，P.2555、P.2673、P.4944《王昭君（安雅词）》、P.2478《王昭君怨诸词人连句》，英国国家图书馆藏敦煌文献S.555《昭君怨》等，都记载了这个经典故事。

匈奴每年得到汉朝赠予的大量财物，还与汉朝进行定期的贸易，互通有无。匈奴从中获得了米粮、美酒、布匹等所需之物，在一定程度上维持了汉朝边境的和平安定，汉朝与匈奴的关系暂时缓和下来。

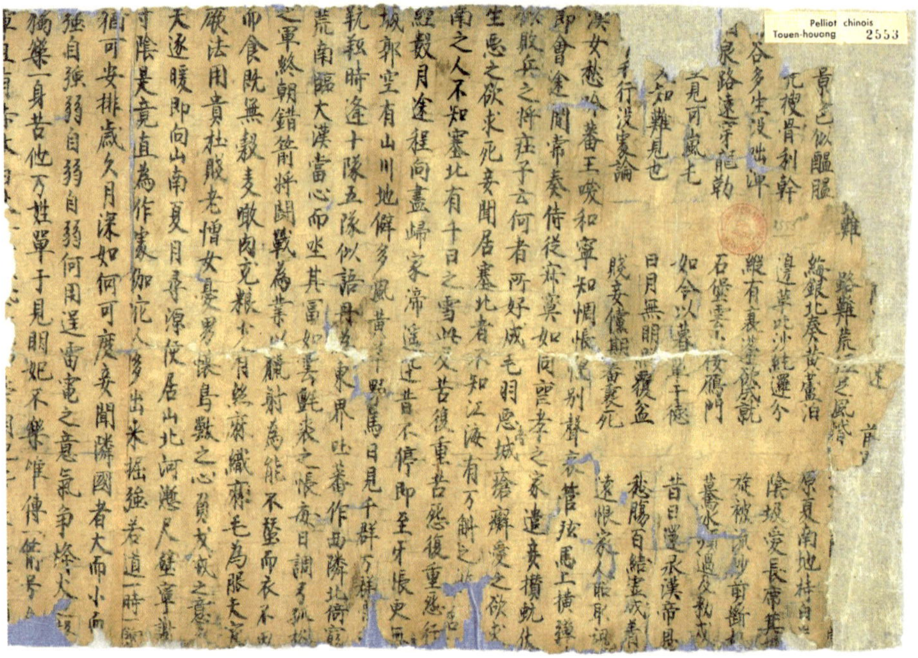

王昭君变文

这种和亲政策并没有维持太久，匈奴不满足于现状，仍然不断对汉朝边地进行侵扰，扩张其势力范围。可见，和亲政策并不能长期有效地阻止匈奴对汉朝的威胁，这就迫使汉朝不得不改变对待匈奴的政策。

抗击匈奴的战争

汉朝建立之初，国力比较贫弱，汉高祖采取了休养生息的政策，努力发展生产。经过六七十年的休养生息，汉朝经济得到了恢复和发展，粮食产量及物资供应大增，府库丰裕，牛马遍野，兵多将广，军马、军械充实，国力逐渐强大起来。面对匈奴的不时侵扰，汉武帝一改对匈奴的温和态度，采取抗击匈奴的强硬政策。

汉武帝在实施对匈奴的进攻政策之前，进行了多次廷议，主战派和主和派进行了激烈辩论。最终汉武帝采取了主战派的意见，拉开了汉朝反击匈奴的序幕。其中，汉朝对匈奴发动了三次战略性战役——河南战役、河西战役、漠北战役，彻底扭转了局势。

河南战役

元朔二年（公元前 127 年），河南战役打响。河南之地就是蒙古高原与黄土高原之间的河套以南地区，距长安不到千里。汉武帝派车骑将军卫青率领大军进攻驻守河南之地的匈奴人，歼灭大批匈奴士兵，得首虏数千人、牛羊数万头，收复了河南之地。从此，汉朝的边防推进到了黄河沿线。当时，年仅 17 岁的霍去病跟随舅父卫青征战，斩杀匈奴兵两千多人，表现出了英勇的气概和善战的谋略，深得汉武帝赏识，后被封为冠军侯。

河西战役

元狩二年（前 121 年），汉武帝封霍去病为骠骑将军，派霍去病率领大军数万人出陇西，过焉支山，向驻守河西地区的匈奴人发动了河西战役。霍去病所率大军攻破匈奴休屠王城，休屠王惊慌逃窜，共歼敌三万多人，俘获五个王及王母、单于阏氏、王子等，并获得休屠王的祭天金人。随后，霍去病将此金人献给了汉武帝。

关于祭天金人的形状、大小及用途，史籍中并无详细记录。祭天金人到底是什么，一直众说纷纭。一些学者认为是匈奴祭祀的神主，也有学者认为是佛像。敦煌莫高窟壁画中就有与祭天金人有关的彩绘。这里的金人，被视为佛像。在莫高窟第 323 窟北壁西侧绘有一组图像，图中有一座宫殿，宫殿上方的匾额题名为“甘泉宫”。宫殿内有两尊

祭天金人图　莫高窟第 323 窟

金人立像，身着袈裟，头顶有肉髻。殿门外侧，有几个为官的人在礼拜宫殿内的金人立像。其中一人手持长柄香炉，做跪拜之状。周边是多位官吏随从。下侧榜题为“汉武帝将其部众讨匈奴，并获（得）二金（人），长丈余，列之于甘泉宫，帝为大神，常行拜谒时”。这幅图表现了霍去病将讨伐匈奴获得的金人献给汉武帝后，汉武帝将金人供奉于甘泉宫，并率众臣礼拜的场面。

河西之战中，汉朝给予匈奴沉重打击。匈奴单于埋怨驻守河西的浑邪王、休屠王无能，想要诛杀他们。浑邪王和休屠王请降汉朝。霍去病率军招降。休屠王中途反悔，被浑邪王所杀。霍去病斩杀欲逃回匈奴的休屠王部下八千余人。浑邪王率四万余人投降汉朝。浑邪王及其亲信被带到长安，受到汉武帝的隆重接待。浑邪王被封为侯，得到了很多封地和封户。汉朝为安置匈奴降众，置陇西、北地、上郡、朔方、云中五属国，各属国依其故俗，但归属于汉朝，这就是汉朝对匈奴降众的属国管理方式。河西地区自此被纳入了汉朝的统治范围之内。

漠北战役

河西战役之后，匈奴失去了河西牧场基地，损失巨大。汉朝虽然解除了其西部的威胁，但是北方的匈奴仍有较强大的势力。为了消除北边匈奴的威胁，扫清北方，元狩四年（前 119 年），汉武帝再次派大将军卫青和骠骑将军霍去病率十万骑兵、数十万步兵乘胜追击，兵分东西两路向漠北进发，发动了漠北战役。卫青出定襄塞外直击匈奴单于，霍去病出代郡与匈奴左贤王决战。经过精心策划和准备，汉军大败匈奴，单于逃向西北，匈奴左右王精锐全被歼灭，汉朝获得漠北之战的胜利，危害汉朝百余年的匈奴边患得到基本解决。汉武帝赐封卫

霍去病雕像　兰州市五泉山公园

青和霍去病为大司马。

经过了三场大战役之后，匈奴受到重创，失去了水草丰盛、气候温和的河南和河西之地，远徙漠北苦寒之地，人口、牲畜锐减，从此一蹶不振，不再对汉朝构成较大的威胁。

卫青、霍去病等人在征讨匈奴的战争中战功赫赫，一直受到世人的称赞。卫青七次出征匈奴，且七战七胜。霍去病英勇善战、忠心报国，只可惜英年早逝，24 岁即亡。

张骞出使西域

丝绸之路是古代中原与西域经济、文化交流的重要通道，自汉朝张骞出使西域起始开通，至今已有两千多年的历史。但是，“丝绸之路”名称的出现则在近代，由德国人李希霍芬于 1877 年提出。丝绸之路是指从中原长安或洛阳出发，向西经过河西走廊，到达西域、安息（伊朗）和大秦（罗马）的道路。因为在这条道路上运送的货物中，以中原的丝绸制品影响最大，故被学者形象地称为“丝绸之路”。西汉时期，外交家、探险家张骞出使西域意义重大，史学家司马迁称赞张骞出使西域为“凿空”之举，由此开通了东西方政治、经济、文化交往的丝绸之路。

据《史记》《汉书》记载，秦汉之际，北方匈奴占据着河西等地，阻碍了中西交通的发展。月氏本来生活在天山南北，汉初，匈奴人打败了月氏人，俘获了月氏王，并用月氏王的头颅做成酒器饮酒，月氏人的生活区域被匈奴占领，他们只得迁徙出原来世代居住的河西地区，向西

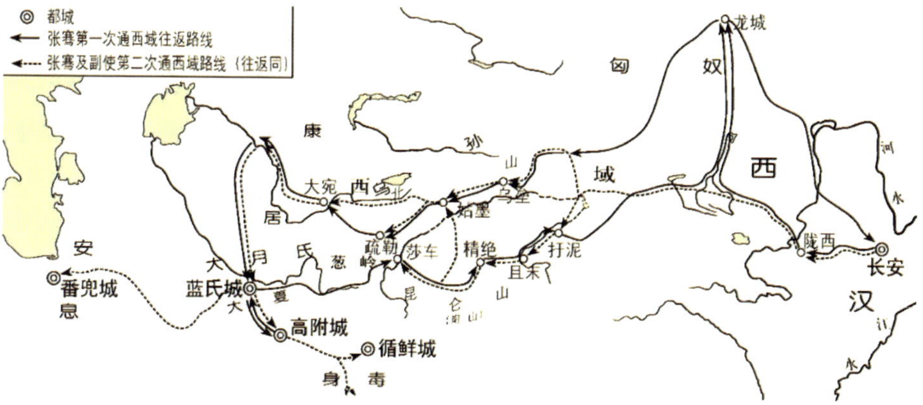

张骞两次出使西域路线示意图

到了妫水（阿姆河流域），也就是西域地区。月氏人对匈奴人充满了仇恨。同时，汉朝也遭受着匈奴的侵扰。为了开拓通往西域的道路，解除匈奴的侵扰，汉朝想联合月氏共同抗击匈奴，于是派张骞出使西域。

西汉建元三年（前138年），汉武帝派张骞率领100多人从长安出发，西出陇西，前往西域。刚入河西，张骞一行就被匈奴人俘获，被迫滞留在了匈奴，一待就是十余年，受尽了各种折磨。在这十余年里，匈奴软硬兼施，但是这并不能消磨张骞的意志，他始终没有忘记自己的使命。时日渐长，匈奴对张骞放松了戒心，有一天，张骞与随从趁游牧之机逃出，继续向西前行。不久，他们来到大宛。大宛本来就听说汉朝非常富饶，想与汉朝建立关系，但是苦于匈奴的阻隔，未能如愿。张骞一行的到来给大宛带来了希望，张骞表明了他们此行的使命，大宛派人护送张骞等人至康居，康居又派人将他们辗转送到大月氏。月氏王被匈奴所杀后，此时其夫人为王。月氏人所居之地土地肥沃，没有寇贼的侵扰，他们已经过上了安乐的生活。月氏人感觉汉朝太遥远了，很难与之联合抗击匈奴，而且他们已经没有报复匈奴的想法。张骞劝说无果，又从大月氏到了大夏，待了一年多。在了解了西域诸国情况之后，张骞准备返回汉朝。在回程途中，张骞等人再次被匈奴人抓获，扣留在匈奴。一年后，匈奴出现内乱。张骞趁机带着妻儿及随从逃出了匈奴，回到汉朝。这一年是元朔三年（前126年）。张骞回到汉朝后，被汉武帝封为太中大夫。

张骞此次出使西域具有重大意义。张骞一行主要到达了大宛、康居、大月氏、大夏及周边国家。虽然联合月氏抗击匈奴的目的没有达到，但是这些西域国家在得知了汉朝的情况后，都希望能与汉朝通好，汉朝对西域的地理环境、物产、风土人情等也有了更为详细的了解。张骞出使西域带去了中原的文化和技术，传播了中原文化，促进了汉朝与西域诸国间的了解和交往。

汉武帝对西域产生了极大的兴趣，数次向张骞询问西域之事，张骞建议联合乌孙及匈奴西侧的小国，这样就可以断了匈奴右臂。随着汉朝对匈奴战争的逐步胜利，匈奴向西北退却，与阿尔泰山南部诸小国联合对抗汉朝。为了彻底斩断匈奴的右臂，结盟乌孙等国，张骞受

张骞出使西域图　莫高窟第 323 窟

命第二次出使西域。公元前119年，汉武帝又派张骞及使节300余人，携带了很多丝帛、金银、牛羊等，从长安出发，前往西域。张骞之行本来是想联合乌孙抗击匈奴，但是乌孙长时间臣服于匈奴，并且内部矛盾重重，无意联合汉朝抗击匈奴，便派使者护送张骞回到汉朝。其他使节分别到了大宛、康居、大月氏、大夏等国，西域诸国随后派使者跟着汉朝使节回访汉朝。从此，汉朝与西域诸国的官方交往建立起来，中西交通畅通，去西域的使者相望于道，每年来中原王朝的外来使者多者数百人，少者百余人。

张骞第二次出使西域，促进了中西经济文化的交流，中原的丝织品、麻织品、漆器、铁器及先进的农业、手工业生产技术和文化不断地传往西域；西域的特产，如核桃、葡萄、石榴、苜蓿、菠菜、胡萝卜、大蒜、芝麻等农产品，玻璃、琉璃、呢绒等手工业产品，以及西域良马、乐器、胡乐、胡舞等传入中原。中原和西域互通有无，经济文化联系日益密切，丰富了中原、西域人民的经济文化生活。

张骞出使西域，接触到西域各国的风土人情，使汉朝增进了对西域各国的了解，汉朝与西域建立了友好关系，汉朝使者不断往来于西域诸国，一年多则十几次，少则五六次，为后来西汉政府设置西域都护府、使西域正式归入西汉政府管辖打下了基础。汉宣帝神爵二年（前60年），西汉政府设置西域都护府，总管西域事务，保护往来的商旅。从此，西域正式归于中央政权的管辖。

汉朝对敦煌的经营

自西域和河西归入汉朝的统治范围起，汉朝开启了对河西地区的经营。为此，汉朝采取了许多有力的统治措施。

设四郡、据两关

《汉书·武帝纪》记载，元狩二年（前121年），霍去病深入河西，击败了匈奴在河西的势力，匈奴浑邪王投降汉朝，浑邪王被封为漯阴侯，其部众被安置在周边地区。从此河西地区被纳入汉朝的正式统治之下。汉武帝在河西设立郡制，从元狩二年（前121年）起，陆续设立了酒泉郡、武威郡、张掖郡、敦煌郡，并且迁徙民众到这里戍边屯田。这四郡就是历史上所称的河西四郡。

汉武帝还在由敦煌进入西域的必经之道上设置了玉门关、阳关。玉门关、阳关是古代东西交往的重要关隘。玉门关位于今敦煌西北90千米处小方盘城遗址，地处疏勒河南岸；阳关位于今敦煌西南70千米处南湖乡古董滩，两关南北呼应，成为中原通往西域的重要门户。汉朝将秦长城从令居（今甘肃省永登县）延伸到了阳关、玉门关，用以防御匈奴。

河西四郡的设立，加强了汉朝对河西地区的有效管辖，隔断了匈奴与西羌的联系，加强了汉朝与乌孙和天山以南诸部的联盟，“断匈奴右臂”，从而进一步削弱了匈奴的势力。

徙民和屯田

河西四郡设立之后，河西地区需要大量的人力来开发。汉朝开始了拓边行动，迁徙内地贫民、犯官及大族来到河西地区。

西汉元鼎六年（前111年），汉武帝分酒泉郡置敦煌郡，并迁徙民众于此地，对其进行大规模的开发。到了汉平帝元始二年（2年），敦煌郡的人口数量近4万人，其中不乏世家大族。此时，中原大族主要由于犯罪或者为逃避灾祸等原因徙居敦煌，他们逐渐在敦煌立足并建功立业，至东汉后期发展成为敦煌的世家大族。

迁入敦煌的大族主要有曹、索、张、氾、令狐、阴、宋、范、李、翟等。比如，曹氏是最早由中原迁入敦煌的大族之一。现藏于西安碑林博物馆的《汉郃阳令曹全碑》记载了曹氏随着汉武帝拓边令向西迁徙的历史，有一部分人就定居在敦煌。曹氏以儒学传家，官居要职，成为敦煌大族。又如索氏最初在汉武帝时因忤旨而避难西来。法国国家图书馆藏敦煌文献P.2625《敦煌名族志》记载：“汉武帝时，太中大夫索抚、丞相赵周直谏忤旨，徙边，以元鼎六年（前111年）从钜鹿南和迁于敦煌。”索氏家族在敦煌或以军功立足西域，或具有深厚的儒学修养，世代为官。西晋书法家索靖就出自这一家族，他以儒业显于太学，

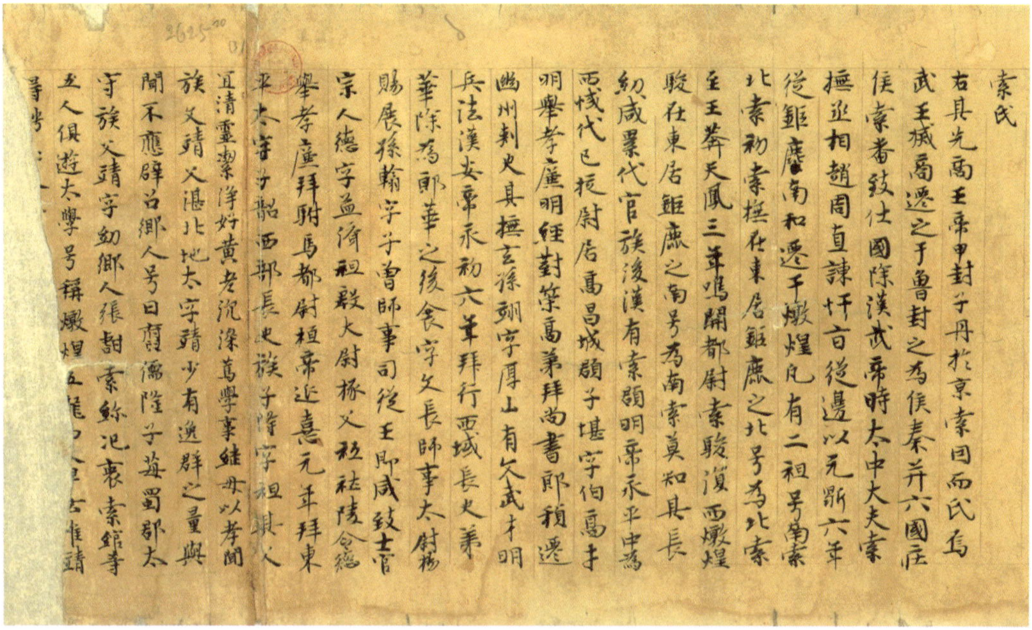

敦煌文献 P.2625《敦煌名族志》

被誉为“敦煌五龙”之一。

汉晋时期，敦煌地区的形势发生巨大变化，改变了汉代以前乌孙、匈奴等族在此聚居的情况。经过汉武帝拓边徙民，很多中原汉姓大族徙入并定居敦煌，敦煌成为以曹、张、索、令狐、阴、宋、氾、李、翟氏等大族为代表的士族社会。各姓大族精英在这里汇聚，使河西地区成为先进的经济、文化中心之一。同时，还有广大的下层民众也迁徙到敦煌及河西地区，在这里繁衍生息，大量屯田。他们一起为敦煌及河西的发展作出了重要贡献。

屯田就是亦兵亦农，利用戍卒或招募农民垦荒种地。汉朝政府迁徙大批贫民到河西及西域地区，他们一边守边，一边种植农田，戍卫边防与农业耕作兼顾，边关既得到了戍守，粮食供给又能自给自足，使汉朝的戍边力量大大加强。由于中原民众迁徙到河西地区，为敦煌带来了先进的生产技术和文化资源，促进了当地耕作技术的发展。

敦煌处于河西走廊最西端，其特殊的地理位置使得敦煌成为连通中原和西域的必经之路，更成为东西文化交融的中心，正所谓“华戎所交，一都会也”。来自中原并逐渐立足于敦煌的汉姓大族和居住于敦煌的各族群，以及来自西域的各族民众，在敦煌各自发挥着自身的优势，他们共同创造了敦煌光辉灿烂的文化，成为我国古代文明的一个重要文化基地。

促进经济发展

敦煌地处沙漠中的绿洲之地，虽然气候干燥，但是这里有着祁连山雪水汇成的甘泉水（党河）和都河（疏勒河），适合发展农牧业。汉朝在这里兴修水利，保证了农牧业发展所需的水源。

随着汉武帝设立河西四郡，汉朝开始大力开发河西地区。最初，河西地区地广人稀，经济社会发展比较落后，汉武帝迁徙中原贫民、大族来到敦煌，他们不仅带来了充足的劳动力，而且带来了先进的生产技术，促进了敦煌农业生产的发展。敦煌地区的田地得到屯垦，粮食生产及牧业得到大力发展。汉代著名的农学家氾胜之晚年就居住在敦煌，著有农业技术研究著作《氾胜之书》。这是我国现存的第一部农书，与《齐民要术》齐名，对敦煌农业技术的发展起到了一定的推广作用。可见敦煌的农业生产技术水平还是比较高的。

XIEGEI
QINGSHAONIAN
DE
DUNHUANG
GUSHI

写给青少年的
敦煌故事

魏晋十六国北朝时期的敦煌

十六国时期，河西地区主要经历了前凉、后凉、南凉、西凉、北凉等地方政权统治，所以此时期也被称为“五凉时期”。之后，河西地区进入了北魏、西魏、北周时期，也就是北朝时期。

十六国北朝时期的敦煌，是一个比较复杂的时期。西晋后期，中原地区进入了政权林立、割据混战的时期，而此时的河西地区相对比较安定，如国学大师陈寅恪先生所论述：

> 秩序安定，经济丰饶，既为中州人士避难之地，复是流民迁徙之区，百余年间纷争扰攘固所不免，但较之河北、山东屡经大乱者，略胜一筹。

河西地区避免了“八王之乱”“永嘉之乱”等中原战乱，社会相对安定，成为很多中原大族及民众迁徙向往之地。河西地区也就保存了中原的传统文化。尤其对于敦煌来说，成为了一个人文荟萃、名家辈出的文化繁荣之地。北魏时期，迁徙河西大族前往北魏都城平城，对北魏及后世产生了重要影响。

曹魏时期的敦煌

东汉末年长期的社会动荡，给河西社会带来了严重的影响，敦煌成为河西各种割据势力角逐的战场。河西动乱，交通阻隔，武威、张掖、酒泉、敦煌等河西四郡已经成为东汉朝廷势力所不能及的地方。敦煌当地大姓雄张，纷纷割据一方。旧大族田地有余，小民无立锥之地。自敦煌太守马艾之后，敦煌曾一度没有太守管理。之后，尹奉出任敦煌太守，但是他对敦煌的管理缺乏改革和创新，并没有从根本上改变敦煌的混乱局面，这种情况一直持续到曹魏时期。

延康元年（220年），曹魏政权建立。曹魏政权加强了对敦煌的管理，太和年间（227—232年），派原长安令仓慈出任敦煌太守。仓慈就任敦煌太守之后，进行了一系列改革。

首先，采取了抑挫权右势力、抚恤贫羸民众的措施，削弱了当地豪强，使得敦煌社会安定下来，得到了广大民众的拥护和支持。仓慈去除繁重的徭役，鼓励人们开辟田畴，制定了合理的赋税制度，即“随口割赋，稍稍使毕其本直”，也就是割取豪强大族多余的田地，按照人口分配给贫民，鼓励农业发展，并按照人口多少收取赋税，废除了当地豪强加在贫民身上的各种杂税。其次，在恢复和发展经济方面，鼓励商品交易，保证西域等外来商人的利益。在此之前，虽然不少西域商人来到敦煌进行商贸活动，但是由于敦煌当地豪强地霸经常侵扰、欺诈他们，严重影响了中原与西域的商贸往来。为了疏通中外商贸之路，打击豪强地霸，仓慈采取了有力的商贸措施。西域商人来敦煌及内地进行商品贸易，敦煌官府给予他们积极支持和帮助，鼓励西域商人与敦煌及中原人民进行公平的商贸往来。对于想要去都城洛阳的商人，发给他们“过所”通行证。对于想从敦煌返回西域的商人，官府公平地给他们换取钱物，常常用官府所藏财物和他们进行交易，并且还安排当地官吏或百姓护送他们，保证了西域商人的安全。这样，之前西域商人受到欺诈、不公平贸易的现象不再出现，西域商人纷纷来到敦煌及中原经商，西域物产大量涌入敦煌及中原，促进了敦煌经济的发展。再次，减刑宽政。之前敦煌的刑罚是比较严酷的，并且案件大量堆积。面对严苛的刑罚，仓慈亲自审理各种案件，并根据实际情况适度减轻刑罚，如果不是犯了严重的死罪，鞭杖责罚就可以了。这样受到刑罚的人数大量下降，敦煌社会逐渐安定下来。

敦煌太守仓慈治理敦煌的政策和措施，产生了良好的社会效应，敦煌的经济得到了恢复和发展，社会秩序逐渐安定，民众安居乐业，西域商人往来于中原和西域之间，促进了中西经济文化的交流。仓慈深受当地百姓和西域民众的爱戴，纷纷在丝路上传颂他的品德和恩惠。

由于敦煌太守仓慈深得民心，当他在任上去世后，许多官吏和百姓好像失去了亲人一样，非常悲痛，他们绘制仓慈的遗像用来寄托哀

举哀图　莫高窟第 158 窟

思。一些西域民众听闻仓慈去世的消息后，悲痛欲绝，他们共同聚集在戊己校尉和长史的治下默哀，有的人还通过以刀划伤面部的方式，表达对仓慈的深深哀思。他们还在西域建造祠堂，专门用来纪念仓慈太守。

西域民众以刀划面即为剺面，以这种方式寄托哀思比较特别。不过，剺面是在古代北方游牧民族中长期流行的习俗。一般是在哀悼死者时，人们用以刀伤己的方式，血泪俱流以示悲戚。后来，在劝谏、讼冤、送别等场合中也有剺面行为，表达忠诚和悲痛之心。在敦煌莫高窟壁画中就有这种场面。莫高窟第 158 窟的壁画中，西域诸国王子在佛涅槃之后，就有以刀划伤自己以示悲痛哀悼的场景，主要有用刀划面、割耳、刺胸等。

敦煌太守自仓慈之后，王迁、赵基、皇甫隆先后继任敦煌太守。他们皆延续仓慈的统治政策和措施，竭力维护敦煌经济发展、社会安定。

嘉平年间（249—254 年），皇甫隆出任敦煌太守。当时敦煌的耕作技术比较落后，民众对耕田和灌溉还不熟悉，他们还没有接触过耧犁的耕种方式，灌溉田地也是采用大水漫灌的方式，使得田地非常泥泞，容易板结。皇甫隆在敦煌推广中原已经在使用的“耧耕法”，还教会敦煌民众使用衍溉的灌溉方式，取代之前大水漫灌的方法，提高了耕种效率，粮食增收。皇甫隆还改易敦煌落后的风俗，比如敦煌妇女穿的裙子是把一块布像羊肠一样地缠在身上，这种裙子非常浪费布料，并且活动起来也很不方便。皇甫隆引进了中原妇女的衣裙穿着方式，上身衫襦，下身裙子，既美观，又方便，受到了当地人的欢迎。此时，敦煌人口逐渐增加，社会基本安定，文化经济迅速发展。

西晋时期的敦煌

公元 265 年，司马炎代替曹魏，建立晋朝。此后，河西地区归属西晋王朝治理。河西地区设置凉州刺史部，敦煌郡由凉州刺史管辖。

西晋时期，敦煌太守中，比较著名的太守为吾彦。吾彦，三国时期吴国吴郡人，文武兼通，力大无人能比，徒手能杀死凶猛的野兽，曾任建平郡太守。西晋灭吴后，吾彦归降西晋，被晋武帝任命为金城太守，因其聪明才智，深得晋武帝的赏识，不久，又被任命为敦煌太守。当时敦煌的社会经济虽然有所发展，但是整体上仍低于东汉时期的水平。吾彦担任敦煌太守后，亲自带领百姓从事农业生产，促进了敦煌农业的发展，出现了家家富足的局面。在吾彦太守的治理下，敦煌社会安定富足。因此，吾彦太守深得敦煌民众的支持和爱戴。《晋书·吾彦传》对他作出了“恩威甚著”的高度评价。西晋时期，政府对敦煌行政区划作了调整。西晋初期敦煌郡统领 11 县，元康五年（295 年），晋惠帝将敦煌郡 5 县划入新置晋昌郡，敦煌郡领 6 县，即昌蒲、敦煌、龙勒、阳关、效谷、乾齐。

五凉时期的敦煌

公元316年，西晋灭亡。司马氏流徙南方，司马睿在建康（今南京）建立了政权，史称东晋。随着北方大量世家大族的南迁，东晋政权得到了这些大姓的支持，东晋王朝的统治在南方开始逐步展开。与此同时，北方及西南地区仍然处于分裂割据状态，中国进入了历史上的十六国时期。在河西地区则为五凉时期，包括前凉、后凉、南凉、西凉、北凉等五个政权。此时，敦煌主要经历了前凉、前秦、后凉、西凉、北凉政权统治时期。

西晋末年，中原地区发生了长达16年之久的“八王之乱”，司马氏集团内部分崩离析，各地纷纷起义反抗西晋的统治，中原地区烽烟四起，战乱频繁，人民处于水深火热之中。中原大族为了躲避战乱，纷纷西迁至西北，避乱于凉州一带。一些官吏为了避祸自保，也请命到河西任职。

前凉（301—376 年）与敦煌

张轨，安定乌氏（今甘肃平凉）人，是西汉常山景王张耳的十七世孙，其祖父张烈和父亲张温皆任职于曹魏政权和西晋政权。晋惠帝时，张轨任散骑常侍，因为晋室多难、朝政混乱，为了避乱于河西，于是请求出任凉州刺史。永宁元年（301 年），晋惠帝任命张轨为护羌校尉、凉州刺史，出牧河西地区。张轨上思报国，下思宁家，归诚晋室，精心治理凉州，一方面积极发展农业，另一方面加强军事建设，促进了凉州的发展。公元 314 年，凉州刺史张轨卒，其子张寔被晋愍帝任命为都督凉州诸军事、凉州刺史、西平公，继续管理凉州军政事务。之后其弟张茂和张茂之子张骏先后继任。公元 345 年，张骏自称大都督、假凉王。次年，张骏死后，其子张重华继任，后经历了张耀灵、张祚、张玄靓、张天锡时期。张氏建立的凉州地方政权，史称前凉。

张轨任职凉州刺史后，采取了一系列稳定局势的政策，重建统治秩序。农业方面，劝课农桑，鼓励民众进行农业耕作，从事桑蚕业，发展农业生产。商业方面，铸造五铢钱，民间交易多用货币，促进了河西商品经济的发展。人才方面，选拔贤才，设置崇文祭酒，发展文化事业;设立学校，招收九郡胄子五百人，培育人才;在行政管理方面，张轨增设武兴郡、晋兴郡、广武郡、建康郡等，扩大州郡管理。

随着河西人口不断增加，到张骏时期，前凉达到了跨据凉州、河州、沙州三郡的规模。前凉政权时期，在敦煌设置沙州，任命西胡校尉杨宣为沙州刺史。沙州刺史杨宣主持开凿了阳开渠和北府渠，敦煌太守阴澹修建了阴安渠。敦煌的官吏重视水利建设，促进了敦煌经济的发展。

张轨注重笼络河西大族，任用当地有才干的人来共同治理河西。如他重用来自敦煌望族的宋配、阴充、氾瑗、阴澹为股肱谋士，参与河西地区的统治。仅敦煌宋氏一族，就有宋配、宋毅、宋辑、宋矩、宋熙、宋混、宋澄等人，皆在张氏凉州政权中任职。惠帝永兴二年(305年)，鲜卑若罗拔能拥众十余万，自漠北向河西进攻，侵入凉州。张轨遣敦煌人宋配领兵阻击，斩拔能，俘鲜卑十余万口，安置于河西走廊各地，由此张轨威名大震。河西其他大族如阴氏、氾氏、索氏、令狐氏、李氏、阎氏、贾氏等也都出仕于凉州政权。河西大族为张氏凉州政权的稳固和发展作出了重要贡献。

西晋永嘉中(307—312年)，怀帝被刘聪、王弥、石勒围困在洛阳城内，已经没有向怀帝进贡的人，只有张轨每年遣使向怀帝朝贡，从来没有延误。洛阳沦陷后，从内地过来避难的人络绎不绝，张轨将他们安置于姑臧西北(今武威)，置武兴郡，又分西平郡置晋兴郡。凉州一带在张轨的治理下，政治稳定，社会安定，成为西晋乱后中原大族及民众的避难地之一，很多文儒名士汇聚凉州，史称“张凉州一时名士，威著西州”。张轨在凉州执政13年，始终以维护西晋的统一为己任，受到了河西民众的拥护。当时的民间歌谣唱道:“秦川中，血流腕，唯有凉州倚柱观。”

自张轨子张寔继位后，前凉政权统治者内部开始争权夺位，自相残杀，统治逐步走下坡路。而此时，前秦政权日益强盛。公元376年，前秦苻坚征调步骑13万军士进攻前凉，张天锡先后征调10万军士进行抵抗，两军经过数次大战，前凉大败，张天锡被迫出降，前凉灭亡，河西地区开始进入前秦统治时期。

张氏前凉政权经历了 76 年，虽然是封建地方割据政权，但是河西地区的农业、畜牧业生产得以继续发展，从中原流亡到河西地区的人民也安定下来，并保存了许多优秀的中原文化，河西地区也就自然成为当时先进文化的发展、传播的重要据点。

前凉倡导儒学之风，以宽松的文化政策吸纳各族文化，形成了以儒学为主，各种文化并存的局面。中原文人学士纷纷避难于河西，前凉兴办学校，鼓励私人讲学，河西学风甚盛。敦煌大族在前凉统治之下，显示了强大的文化实力。来自敦煌大族的宋纤、郭瑀、索绥、索袭、张谘等都是当时的知名学者。

此时，敦煌佛教也发展起来。张氏统治者本身就信仰佛教，在其大力支持下，前凉翻译了多部佛经。单道开等高僧在敦煌修习禅法，敦煌禅学迅速发展。公元 366 年，乐僔法师在莫高窟开凿了第一个禅窟。之后，洞窟营建之风兴起。

前秦（376—385 年）与敦煌

从前秦建元十二年（376 年）到太安元年（385 年），河西处于前秦的统治之下。

东晋永和七年（351 年），苻健在长安自称大秦天王、大单于。公元 352 年，苻健改称皇帝，建立了大秦政权，史学界称之为“前秦”。之后，苻健与前凉、东晋政权不断发生摩擦，争夺地盘，最终苻健击退了东晋、前凉的进攻。升平元年（357 年），苻健的侄子苻坚继任大秦天王。苻坚自幼勤奋好学，长大后博学多才，并且有经略大志。掌控前秦政权之后，苻坚重用有才识的英豪，使得前秦势力不断发展，成为北方最强盛的政权。在中书侍郎王猛的辅佐下，苻坚采取了一系列稳定河西的措施。

首先，迁徙凉州豪右，削弱地方势力，重新构建河西统治秩序。苻坚将张天锡和凉州大族七千多户迁徙到关中，给予张天锡国士待遇，并封其为归义侯。

同时，苻坚任命前秦中书令梁熙为凉州刺史，羌族贵族姚静为敦煌太守，前燕大将慕容德为张掖太守等，重构了河西地区的统治秩序。当然，前秦还任用前凉有威望和才干的当地大族及官吏为前秦政权效力，如原敦煌太守张烈任尚书郎，敦煌索泮任凉州别驾，索泮弟索菱担任典农都尉，原西平太守赵凝任金城太守，等等。对于凉州境内的少数民族，继续实行羁縻政策，由本部落酋长进行管理。

其次，重视与西域的关系。东晋太元八年(383年)，苻坚派骁骑将军吕光率军出征西域，西域诸国皆入贡于前秦。前秦统一了北方，势力达到了鼎盛，形成了与东晋对峙的局面。

再次，在人才方面，前秦崇尚儒学，兴建学校，培育人才。公卿子孙、禁卫军士都被招进学校接受儒家文化教育。苻坚提倡佛教，邀请高僧释道安在长安传道译经。前秦征西域的其中一项任务就是命吕光把西域高僧鸠摩罗什迎接到长安。将军吕光骁勇善战，击溃了龟兹军队，成功寻得鸠摩罗什。可是吕光身为一员武将，不重视佛教文化，对鸠摩罗什并不敬重。鸠摩罗什到凉州后，被吕光禁足近20年。

最后，在经济方面，重视农业生产，劝课农桑，兴修水利，开泾上水源，起堤引渎，灌溉冈卤之地。河西的社会与经济呈现强势发展之态。前秦国富兵强，百姓安乐，国力大增。前秦实施的以上政策和措施，同样适用于敦煌，对敦煌社会产生了重要影响。前秦时期，还迁徙江汉之地万余人至敦煌，将中州之地七千余人也迁至敦煌，敦煌人力增加，促进了敦煌地区的发展。

前秦之后不断进攻东晋，试图统一天下，结束乱世。经“淝水之战”，前秦的统治逐渐瓦解。公元 385 年，苻坚被姚苌俘获，不久被害。公元 394 年，前秦灭亡。

后凉（386—403 年）与敦煌

公元 386 年，吕光占领姑臧，自称凉州牧、酒泉公。同年，听到前秦苻坚被姚苌杀害的消息，吕光下令将士举哀。不久，吕光奉苻坚之子苻丕继位，改太安年号。

公元 389 年，吕光称三河王，改元麟甲。公元 396 年，吕光即天王位，建元龙飞，国号大凉，这就是历史上的后凉。公元 399 年，吕光病死，后凉宗室操戈，争权夺利。虽然有高僧鸠摩罗什的劝告，但是后凉统治者沉溺于酒色，置若罔闻。

后凉是吕光依靠氐族建立的政权。吕光重用吕氏子弟和氐族将领，排挤汉族及其他民族士人，四处征讨，给河西带来动乱和不安。后凉时期，田地荒芜，经济萧条，姑臧城里的人口一半被饿死，促使反叛不断发生，后凉政权岌岌可危。

后凉政权虽统治敦煌十余年，但一直处于内外交困的境地，君主奢侈荒诞，不理朝政，外与强敌南凉、北凉等连年征战，内部争权夺利又纷争不断，百姓苦不堪言。后凉时期，敦煌社会发展缓慢，战乱频繁，民不聊生。

公元 403 年，后凉政权被后秦灭亡。后凉主吕隆及宗族、臣僚及凉州望族被迁至长安。后秦占领了姑臧，控制了姑臧和苍松，河西其他地方则被南凉、北凉、西凉等控制。

西凉（400—421 年）与敦煌

公元 397 年，原为后凉建康太守的段业任凉州牧，北凉政权建立，统治了河西地区。段业任命敦煌太守孟敏为沙州刺史，李暠为效谷县令。沙州刺史孟敏去世以后，李暠为安西将军、敦煌太守。后来在北凉政权内部争斗中，李暠得到了敦煌大族的支持。公元 400 年，北凉晋昌太守唐瑶移檄敦煌、酒泉、晋昌、凉兴、建康等各郡县，推举李暠为大都督、大将军、凉公，领秦凉二州牧、护羌校尉。同年，李暠在敦煌建立政权，建元庚子，定都敦煌，史称西凉。敦煌首次成为地方政权的国都。西凉的建立，使后凉、南凉、北凉纷争的局面变成后凉、南凉、北凉、西凉四家争雄。

李暠，祖籍陇西成纪，为西汉飞将军李广第十六世孙。李氏家族世代繁衍，宗族强盛，到西晋时期，李氏门第依然显赫。李暠聪颖好学，博览经史，擅长文武之功，后凉时期，他与河西士人西平郭磨、敦煌宋繇等关系密切。他们反抗后凉的庸政，为西凉的建立立下了汗马功劳。

因为西凉政权的建立受到了敦煌大族的拥戴，所以西凉政权中，敦煌大族索氏、宋氏、张氏、阴氏、氾氏、令狐氏等出任军政要职，成为西凉政权的中流砥柱。随着西凉政权不断向东发展和抗御东边北凉政权的需要，公元 405 年，西凉政权将国都由敦煌迁至酒泉。同时，西凉迁徙敦煌大量民众到酒泉，对敦煌的发展造成了不小的影响。公元 421 年，北凉攻灭西凉。

在西凉统治期间，采取了一系列发展措施。

首先，积极处理与东晋和周边政权的关系。尊奉东晋，向东晋朝廷奉表称臣，表达其为恢复统一大业所作出的努力和决心。积极处理西凉与南凉、北凉的关系，采取远交近攻的策略，交好南凉，牵制北凉，同时也避免与北凉正面交锋，谨慎与之展开兵战，保境安民。

其次，重视恢复农业生产，鼓励流民归田，劝课农桑，使饱受战乱之苦的流民得以在敦煌屯田耕作，促进了农业生产的恢复和发展。粮食连年增收，百姓安居乐业。

再次，继续沿用汉魏时期的选官制度，实行察举制度，重视人才选拔和培养。在吐鲁番出土的《西凉建初四年（408 年）秀才对策文》，是一份珍贵的文献资料，反映了西凉政权建初四年，仍然沿用中原的秀才策试制度，是对西凉的最高统治者李暠作为主考官亲自选士的真实记录。来自敦煌大族的宋繇雅好儒学，即使处于战乱之中，仍讲诵不废，传道授业。刘昞教授弟子五百余人，著有《凉书》《敦煌实录》等，被任命为儒林祭酒、从事郎中，受到李暠的礼遇。西凉主李暠尤其重视文化发展，他本人博通经史，亲自撰写了上奏东晋朝廷的奏表、训诫弟子的文章。李暠还设立五经博士，负责在当地传经授业。西凉时期，敦煌儒士在保留和传承中原文化方面发挥了重要作用。

在李暠励精图治之下，西凉国力迅速发展，实力与邻国相当。但自李暠之后，其子孙忘记了李暠勤政宽简的政治理念，国力逐渐衰落，西凉逐渐被北凉吞噬，最后只剩敦煌。公元 421 年，北凉沮渠蒙逊围攻敦煌城，李暠子李恂战败自杀，西凉灭亡。

北凉（397—442年）与敦煌

公元397年，面对后凉吕氏统治集团的压迫和排挤，沮渠蒙逊响应民众的呼声，号召民众起义推翻后凉政权，推举后凉建康太守段业为大都督、龙骧大将军、凉州牧、建康公，建元神玺，北凉政权建立。公元400年，段业由建康（今高台县）迁都张掖，称凉王。公元401年，沮渠蒙逊杀段业，自称大都督、大将军、凉州牧、张掖公，改元永安，定都张掖。公元411年，沮渠蒙逊攻占姑臧，次年，由张掖迁都姑臧，自称河西王。

沮渠蒙逊吸取了后凉狭隘的排挤异族的教训，革新政治，广开言路，招揽人才，擢任贤才，文武咸悦。任命从兄沮渠伏奴为镇军将军、张掖太守，弟弟沮渠拏为建忠将军、都谷侯，田昂为镇南将军、西郡太守，张骘、谢正礼等为左右司马。敦煌人张穆博通经史，才藻清赡，被沮渠蒙逊提拔为中书侍郎。敦煌人刘昞以儒学著称，一开始受任于西凉，后来受到沮渠蒙逊重用，被任命为秘书郎。

沮渠蒙逊对外权衡利弊，审时度势，与群雄争锋。为了在后凉、南凉、西凉等政权包围中发展，他运用纵横之术，处理与周边政权的关系，为北凉发展创造了有利的条件。对内励精图治，安置百姓，发展农业生产。在沮渠蒙逊掌握政权后，定章立制，休养生息，使民众专攻农事，轻徭薄赋，减轻民众的重负。由此，北凉仓廪充实，兵强马壮，国力强盛。

随着北凉政权的强大，北凉逐渐攻灭了周边政权。公元421年，北凉攻下了西凉的最后一个据点敦煌，西凉灭亡，敦煌开始了北凉政权的统治时期。

沮渠蒙逊占领敦煌后，对敦煌进行屠城，残杀大量百姓，敦煌人口锐减。公元 433 年，沮渠蒙逊死，子沮渠牧犍继位，他荒于政事，敦煌官民怨声载道，敦煌的经济受到严重影响。

北凉时期，敦煌的人口和经济虽然没有得到增长，但是文化事业却有了很大的发展。儒学大家辈出，如刘昞、索袛、张穆、宋繇等，皆以儒学传家，是为儒学高门。佛教繁荣发展，佛经翻译尤为突出。据学者考究，北凉时期翻译的佛经有几十部，比如翻译大家昙无谶在姑臧翻译了 11 部佛经，其翻译的《大般涅槃经》36 卷，在当时社会引起了巨大反响，此经被广泛抄录，促进了河西地区佛教的蓬勃发展。

随着长期征战，北凉政权也逐渐衰落。公元 439 年，北魏攻下姑臧，并迁徙三万余户臣民至魏都平城。公元 442 年，北魏占领敦煌，沮渠氏西逃。不过，北凉残余势力仍然存在，公元 460 年，残余势力被柔然消灭，北凉灭亡。

在战乱纷争的魏晋十六国时期，河西地区虽然经历了五凉及前秦等政权的更替，但是河西尤其是敦煌地区的社会相对比较安定，河西成为中原文化的传承和发展之地，为北魏乃至隋唐时期中华文化的继续发展奠定了基础。

北朝时期的敦煌

北朝时期包括北魏、东魏、西魏、北齐、北周。在河西地区经历了北魏、西魏、北周的统治。北魏统治时期，敦煌被称为瓜州，瓜州统领 9 郡 18 县。敦煌郡是瓜州的属郡之一，下辖敦煌、平康、东乡、效谷、龙勒（即寿昌）、鸣沙等 6 县。西魏时期，分置效谷郡、寿昌郡，敦煌郡下辖 4 县。北周时期，合并郡县，将效谷、寿昌郡改为县，并入敦煌郡，后又合并敦煌、平康、东乡、效谷、龙勒、鸣沙等 6 县为鸣沙县，敦煌郡仅统领鸣沙 1 县。

北魏时期的敦煌

公元 439 年，北魏拓跋焘攻克北凉都城姑臧，沮渠牧犍率众投降，但是北凉残余势力沮渠氏直到公元 442 年才放弃敦煌，沮渠无讳逃亡西域。李暠的孙子李宝返回敦煌，投降北魏。北魏任命李宝为镇西大将军、领护西戎校尉、沙州牧、敦煌公，命李宝弟李怀达为敦煌太守。北魏太平真君五年（444 年），李宝被召往平城，北魏直接控制了敦煌，在敦煌设镇。北魏把敦煌作为经略西域的基地。公元 445 年，魏太武帝命令万度归率军攻打鄯善，鄯善国投降，之后又攻破焉耆和龟兹。西域大部分地区划入北魏的统治范围。

此时，北部的柔然日益强大，与北魏争夺西域和河西，敦煌成了前沿阵地。面对柔然的入侵和争夺，北魏政府中有一些官员于延兴四年（474 年），建议北魏放弃敦煌，将边界撤至凉州。但是，给事中韩秀坚持保卫敦煌，否则凉州、关中将不得安宁。魏孝文帝采纳了韩秀的建议，敦煌不仅得到了保全，而且敦煌的建设和守备得到了加强。

太和九年（485 年），孝文帝将敦煌镇升格置都大将，任命秦州刺史穆亮为敦煌镇都大将，将敦煌作为军事、粮草基地，支援对柔然的战争。公元 487 年，柔然及高昌臣服于北魏，敦煌进入了比较安定的时期。镇都大将穆亮，为政宽简，并赈恤贫乏民众，敦煌经济得到复苏和发展。正光五年（524 年），孝明帝将敦煌改镇为州，孝昌年间（525—527 年），因为敦煌产甜美瓜果，又改名为瓜州。瓜州下设敦煌、酒泉、玉门等 9 郡，以及敦煌、平康等 18 县。公元 525 年，孝明帝派宗室元荣担任瓜州刺史。元荣治理敦煌期间历经北魏、西魏政权，直至西魏大统八年（542 年）病卒。

北魏时期，占领一个地方之后，大都把当地受降人口带到自己的势力控制范围之内。如北魏太武帝太延五年（439 年），拓跋焘率领大军基本上消灭了河西地区的北凉政权，统一了北方。北魏攻克凉州后，迁徙凉州等地民众 3 万多户到魏都平城。北魏在京畿地区设置平凉郡，以统辖凉州徙民，这样有利于北魏政权的巩固和统治。在被迁徙到北魏都城的凉州 3 万余户民众中，包含了很多敦煌大族名士。这样，凉州、敦煌等地传统大族的势力必然就会遭到削减，敦煌大族的统治和支柱地位受到挑战。

《魏书》《北史》等史籍记载了北魏政权迁徙自河西大族的重要人物，如敦煌儒士宋繇、索祉、张湛、刘昞等人。

这些被迁徙至魏都的河西名士大多以儒学著称，他们对传承和弘扬中国传统文化起着非常重要的作用。正如国学大师陈寅恪先生所言：

> 秦凉诸州西北一隅之地，其文化上续汉、魏、西晋之学风，下开魏、齐、隋、唐之制度，承前启后，继绝扶衰，五百年间延绵一脉，然后始知北朝文化系统之中，其由江左发展变迁输入者之外，尚别有汉、魏、西晋之河西遗传。

陈寅恪先生道出了凉州、敦煌等河西地区士人对中原传统文化的重要存续和传承作用。河西的思想文化对北魏产生了重要的影响，促进了河西与中原文化的交流。

当然，关于河西士人对北魏的影响也不能估计太高，他们只是北魏统治集团中汉人群体中的一支，与来自其他地区的汉族士人共同推进了北魏的政治、文化发展。

其实，这些河西大族在魏都的待遇和地位，与其之前在敦煌相比，是大大下降了的。北魏迁徙河西大族到魏都的同时，还有很多普通民众及工匠也随着迁至魏都。敦煌等河西大族及工匠、民众东徙之后，对敦煌等河西大族的结构和势力、河西社会的生产力产生了重要影响。有学者言，河西士人的东迁，为河陇文化的衰落埋下了祸根。敦煌等河西地区的生产力也遭到了破坏，社会发展受到影响。

十六国五凉时期，河西地区不仅保存了中原的先进文化，开启了北朝文化发展之门，而且河西地区的佛教也对中原产生了巨大的影响。正如《魏书·释老志》所载，北魏统治河西后，“沙门佛事皆俱东，象教弥增矣”。也就是说，佛教在此时也被带到北魏，大量僧侣沙门被迁往魏都平城，佛教在中原得到了更大的发展。

西魏统治下的敦煌

西魏时期，宇文泰掌握实权。为稳固政权，宇文泰颁行新制，进行了经济、政治、军事等方面的改革。

农业方面，重视农业生产，保证赋税收入。州县长官要督促部民按时耕作，不废农耕，按照法规征税。实行均田制，授予农民土地，奖励耕织，促进了农业发展。敦煌文献 S.613V 是西魏大统十三年效谷郡户籍残卷，记载了敦煌百姓的户主及家庭成员、户口等级、受田、纳课情况，反映了均田制也在敦煌得到推行。

政治方面，肃整地方吏治，加强内部团结。西魏实行周礼六官制度，为加强政权内部团结，组成关陇集团，巩固自己的政权。

军事方面，实行府兵制，府兵自有军籍，不同于一般百姓，同时为了扩大兵源，广募关陇豪族，加强了西魏的军事力量。为了加强团结，消除民族界限，还对府兵人员赐姓和改郡望，使入关的六镇鲜卑和关陇大族紧密团结在一起，结成了史家所称的关陇统治集团，巩固了统治。

在选人用人上，改变了选士由门阀把持的情况，选人不限资荫，只看才能，大量有才之士加入到西魏政权之中。

通过西魏政权实施的各项政策，敦煌等河西地区的社会经济得到进一步发展，人口有所增加，民族融合进一步增强。敦煌文献S.0613V 记载了西魏大统十三年（547 年）效谷郡户籍情况，户主侯老生，娶了胡人叩延腊腊为妻子；户主其天婆罗门，则为天竺人；户主王皮乱及妻子阿雷处姬皆为胡人。可见，不同民族的民众定居敦煌，成为政府的编户载入户籍，并且各民族之间相互通婚、和睦相处。

元荣与敦煌

虽然北魏平凉州后，迁徙大量河西豪族及民众到平城，河西文化一度消沉，但是以敦煌为中心的佛教和文化事业仍在持续发展。北魏孝文帝时期，敦煌镇都大将穆亮和瓜州刺史元荣等都非常重视文化的发展，他们都尊奉佛教，促进了敦煌佛教的发展。

敦煌改名为瓜州后，北魏孝昌元年（525 年），孝明帝派宗室明元帝四世孙元荣赴敦煌担任瓜州刺史。元荣成为瓜州的首任刺史。元荣亦名元太荣，自从公元 525 年任瓜州刺史以来，精心治理敦煌，促进了敦煌经济的恢复和发展。永安二年（529 年），孝庄帝封瓜州刺史元荣为东阳王。公元 534 年，北魏分裂为东魏、西魏，河西处于西魏统治之下，元荣在敦煌继续担任瓜州刺史。在东西魏并立的形势下，中原发生了动荡，元荣则在敦煌维持了较为安定的统治，直至公元 542 年，瓜州刺史元荣去世。元荣治理敦煌长达 17 年的时间。

元荣治理敦煌期间，推行了有效的管理措施，促进了敦煌的发展，稳定社会秩序，重视文化事业，弘扬佛教，抄写佛经，营建洞窟，吸收中原佛教艺术文化，促进了敦煌佛教文化的发展。

元荣是忠实的佛教信徒，在他担任瓜州刺史治理敦煌的最初几年，由于关陇发生起义，瓜州与中原的联系中断了，他抄写和供养了大量佛经，开展佛事活动，以期安定民心、稳定社会。

在敦煌文献中，发现了十余种与元荣有关的佛教写经，佛经种类和数量都十分可观，说明了元荣虔诚信仰佛教的情况。更重要的是，他在莫高窟开凿了一个大型洞窟，即莫高窟第 285 窟。在他的带领下，莫高窟兴起了新一波的建窟热潮。

第 285 窟，是西魏时期代表洞窟之一。因为窟主为元荣，所以此窟一般认为是元荣一族的功德窟。第 285 窟石窟形制为:整个窟分为前室、甬道、主室。主室平面为方形，窟顶为覆斗形，洞窟西壁开三龛，南壁、北壁各开四禅龛。

主室窟顶宝盖悬空，表示天空。中央是叠涩藻井，四隅有下垂流苏，之间绘流星、云气、莲花、摩尼宝珠、飞天、仙人、祥兽等，很多是中国传统神话中的人物、神兽，表现了儒释道之间的交流融合。西壁中央圆券大龛内塑倚坐说法佛一身及胁侍菩萨二身，南北侧圆券龛内各塑禅僧一身，表现了北朝流行的禅观佛

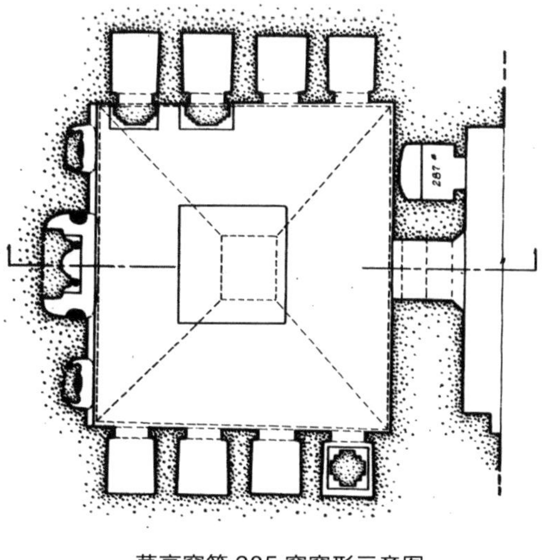

莫高窟第 285 窟窟形示意图

莫高窟第 285 窟

教特征。

南壁上画伎乐天十二身，中画五百强盗成佛图一铺，西端画释迦多宝佛一铺，下面是四个禅窟，龛楣之间画沙弥受戒自杀品一铺；北壁上部自东起画七铺说法图，中部为发愿文及供养人，下面是四个禅窟；东壁门上画三世佛一铺，门南北侧为无量寿佛、发愿文及供养人。洞窟壁画中部的建窟发愿文题记年代为大统四年、五年（538、539 年），表明了此窟的修建年代。五百强盗成佛图，以五个人代表五百强盗，从与官兵激烈的战斗开始，他们相互厮杀，然后强盗失败受刑，最后以五百强盗皈依佛教告终。五百强盗成佛图是敦煌现存最早的因缘故事画，在第 285 窟南壁从东向西以横卷连环画的形式展现。此故事画一定程度上反映了当时社会的动乱。

第 285 窟北壁上部为七铺说法图，每铺下面是发愿文和供养人像，再下是禅窟四个。其中，西起第一铺说法图下发愿文右边是三身男供养人形象，都头戴笼冠，身穿深衣袍服。敦煌石窟艺术研究专家贺世哲先生认为他们是王公贵族的形象，第一身是瓜州刺史东阳王元荣。发愿文左边与男供养人相对的是一身女供养人，头戴花冠，身穿贵族妇女蜚襳垂髾的衣服，束腰蔽膝，衣带飘扬，为东阳王的家眷。

第 285 窟主要体现了北朝时期禅观和净土信仰的佛教特征，表现了“禅净兼修”的特征。窟内南北两壁开四个禅龛，南北壁画释迦多宝二佛并坐、过去七佛、无量寿佛形象，以及西壁倚坐说法佛、二身禅僧和东壁门上画三世佛和两身无量寿佛的形象，表现了当时修禅和净土信仰的特色。

元荣死后，其子元康被推为瓜州刺史。公元 545 年，元荣的女婿邓彦杀元康夺刺史位，并且与南部的吐谷浑勾结，企图以此来维护其统治。西魏派申徽为河西大使，劝邓彦归朝，邓彦不从，后敦煌大族令狐整、张穆与申徽合力将邓彦逮捕。

第二年，也就是公元 546 年，瓜州张保杀新任刺史成庆，响应凉州宇文仲和反叛。河西再次陷入混乱。西魏朝廷派人平叛，擒捉宇文仲和。晋昌郡吕兴等人也乘机叛乱，杀死郡守郭肆，响应张保。敦煌令狐整召集豪杰抗击张保、吕兴，进攻晋昌和瓜州，平定叛乱，张保

五百强盗成佛图（局部） 莫高窟第 285 窟

女供养人像　莫高窟第 285 窟北壁

逃奔吐谷浑。令狐整得到了瓜州人民的拥护，被州人推举为刺史。但是他认为不能自相推荐，要听从朝廷任命。西魏朝廷任命申徽为瓜州刺史，令狐整为寿昌太守，整弟令狐休为敦煌太守。在申徽等人治理下，敦煌社会逐渐安定下来。

申徽之后，使持节、大都督王子直治理瓜州，以德政化民，社会安定，周边民众纷纷归附。西魏恭帝二年（555 年），韦瑱任瓜州刺史，清廉俭政，从不收受财物，在各族民众中很有威望。敦煌社会安定，秩序良好。北周初期，当韦瑱任职期满还京时，当地百姓不分老幼追着相送，对他依依不舍，真诚挽留，数十天之后他才得以离开。

北周时期的敦煌

公元 557 年，宇文护逼西魏恭帝让位，奉宇文泰长子宇文觉为周天王，即为北周孝闵帝，北周建立。宇文护为大司马，掌握国家军政大权。不久，孝闵帝被宇文护杀害。之后，北周在宇文护的操纵下，经历了明帝宇文毓、武帝宇文邕时期，直到公元 572 年，周武帝杀死权臣宇文护，真正掌握了北周政权。

北周政权在政治上，实行六官制度，皇帝总揽大权。军事上，继续实行府兵制度，由皇帝统领，招募百姓充军，扩大了兵源。文化上，崇尚儒术和图谶，武帝还曾打击佛教。经过一系列改革，国力强盛，后来，北周灭掉北齐。武帝之后，宣帝宇文赟骄奢好酒，荒淫无度，不理朝政，病死后，其子宇文阐继位，是为静帝，因弱小无能，权力被宣帝的皇后杨氏家族控制。

敦煌此时处于北周统治之下。北周沿袭前朝的制度，继续在敦煌设置瓜州。北周初期，西突厥击破柔然，铲除了中原与西域的障碍，中原和西域之间的交往迅速发展。北周静帝宇文阐采取和亲政策，与突厥联姻，建立了良好的关系。敦煌作为中西交通的要道，受到北周统治者的重视，先后任命李贤、于义为瓜州刺史。北周时期的敦煌，政治清明，社会相对稳定，经济、文化持续发展，佛教发展也表现出兴盛的面貌。

敦煌令狐氏、李氏、于氏等大族依然在当地具有重要地位。比如北周初年，敦煌令狐氏家族，平定叛乱，稳定政权，成为北周政权的重要依靠力量。令狐整因为平定叛乱有功，任晋昌郡守，被皇帝征召入朝，封为瓜州义首，后官至大将军。其弟令狐休文武之功兼具，曾与令狐整一起率领敦煌大族平定了张保之乱，后被任命为敦煌郡守，为政十余年，勤俭节约，奖励耕种，政绩卓著，敦煌社会发展生机勃勃，迁升合州刺史，最后卒于任上。令狐氏家族及乡亲二千余人迁徙关中，敦煌令狐氏闻名朝野，令狐整之子令狐熙为隋朝吏部尚书，熙子令狐德棻为唐朝国子祭酒，德棻后裔令狐楚、令狐绪、令狐绹等皆为唐朝名臣。

李贤、于义受命于中央政权，先后担任瓜州刺史，在莫高窟修建洞窟，表现尤为卓著。

瓜州刺史李贤，陇西成纪人。李贤曾祖李富、祖李斌先后出仕北魏政权。从李斌开始，因领兵镇高平，李贤一家迁居此地。李贤先后任职于北魏、西魏、北周政权。北魏武泰年间，李贤在平定叛乱、卫护原州之事中功勋卓著，被任命为主簿、威烈将军、殿中将军、高平令等。西魏时期，李贤及兄弟亦受到重用，功勋赫赫。大统八年（542

年），李贤升任原州刺史。大统十二年（546 年）以后，李贤从征凉州，打败柔然，抚慰河西五郡，被封为车骑大将军、开府仪同三司。西魏恭帝元年（554 年），李贤晋爵河西郡公。北周孝闵帝元年（557 年）因受侄子李植连坐，李贤被除名免爵。不久，荆州反叛，李贤奉命平叛，大破贼首文子荣，任郢州刺史，又为总监诸军，迁徙江夏两千余户充实安州。保定二年（562 年），武帝下诏复李贤官爵，仍授李贤瓜州刺史。

李贤任瓜州刺史期间，功勋卓著，受到武帝的多次赏赐。后来，李贤在维护周边地区安定方面，作出了重要贡献。李贤也重视文化建设，此时敦煌儒学、佛教持续发展。

李贤是一名虔诚的佛教信徒，他在莫高窟修建了家族洞窟，即莫高窟第 290 窟。该窟窟形为中心塔柱窟，主室窟顶前部为人字披顶，后部为平棋顶。

第 290 窟人字披窟顶绘长卷式连环画佛传故事，根据情节发展呈“S”形分布，展现了释迦牟尼从乘象入胎到出家、成道、说法的 87 个场面，是北朝时期佛传故事画中内容最为完整的一铺壁画，是佛教美术史上的稀世珍品。画面中人物所穿服饰多为中原服饰，画面为线描造型，色彩较少，具有中原绘画技法。其中，画面中出现了释迦牟尼出生后自然界的种种瑞应现象，如丘墟皆平、臭处更香、枯树生叶、园生甘果、宝物开现、衣被满架等，与北周时期崇尚儒术、图谶瑞应的思潮相呼应。

洞窟主室中心为中心塔柱，中心塔柱四壁开圆券形龛，东、南、北面龛内塑一佛二弟子二菩萨。西面龛内塑交脚菩萨及四菩萨。中心塔

莫高窟第 290 窟中心塔柱

柱上部本来为影塑千佛，目前都已脱落。中心塔柱下部是发愿文和供养人及力士。主室四壁上部为伎乐飞天，中部为千佛，下部是供养人像。

瓜州刺史于义，来自于大族于氏，世代为宦。于义年少矜持严谨，有操尚，笃志好学。大统末年（551 年），受荫于其父的功勋，于义被赐爵平昌县伯，起家于直阁将军，其后改封广都县公。公元 557 年，北周孝闵帝继位后，于义升迁为安武太守、建平郡公。公元 565—576 年，于义担任瓜州刺史。

莫高窟第 428 窟内景

敦煌文献中有“建平公建窟”的记载。据学者考证，建平公就是于义，他所修建的洞窟，就是今编莫高窟第428窟。根据洞窟东壁南侧供养人比丘庆仙的题名和藏经洞出土文献推测，该窟开凿于建平公于义出任瓜州刺史期间的保定、建德年间（572—577年）。

第428窟窟形为中心塔柱窟，洞窟主室窟顶前部为人字披，后部为平棋顶，主室四壁上部皆绘千佛，下面绘说法图，再下第三层绘供养人，最下一层绘垂角帷幔装饰图案。主室中心有中心塔柱，塔柱四面各开一龛。主室塔柱四龛各塑趺坐说法佛一身、弟子二身、菩萨二身。主室四壁上部影塑千佛，中部绘佛塔、说法图、降魔变、萨埵太子本生、须达拏太子本生、卢舍那佛、释迦多宝佛、涅槃变等，下部绘供养人。

第428窟是北周时期最大的洞窟，窟内面积达到了178平方米。整个洞窟绘供养人像1186身，是敦煌石窟中供养人形象最多的洞窟。

在元荣、于义等瓜州刺史的带动下，北朝时期，敦煌大族及民众在莫高窟开窟造像之风兴盛。据学者考究，北朝时期所修建的洞窟近30个。文化的繁荣，是敦煌地区社会安定、经济繁荣发展的反映。

XIEGEI
QINGSHAONIAN
DE
DUNHUANG
GUSHI

写给青少年的
敦煌故事

隋唐时代的敦煌

公元581年，杨坚建立隋朝，是为隋朝开国皇帝隋文帝。公元589年，隋文帝统一全国，结束了长期的南北分裂状态。公元605年，杨广继位，是为隋炀帝。公元618年，隋朝灭亡。隋朝享国38年，虽然国祚较短，但在历史上起到了承上启下的作用，在政治、经济、文化等方面，既承袭了前朝，又有所开拓创新，为后世所沿袭。

隋朝初年，隋文帝鉴于前朝州郡县众多、难于治理的情况，改州、郡、县三级为州、县两级。开皇二年（582年），敦煌郡被废除，改为敦煌县，隶属于瓜州。大业三年（607年），隋炀帝又恢复敦煌郡，下辖敦煌、常乐、玉门三县。

隋炀帝与丝绸之路的畅通

隋朝统治者非常重视国家的安全和丝绸之路的畅通。河西地区是丝绸之路的必经之地，所以隋炀帝也格外重视对河西地区的经营。

隋朝初年，西域被北方游牧民族突厥所控制，而西域南部和青海地区被吐谷浑所控制，所以敦煌及河西地区经常受到突厥和吐谷浑的侵扰。敦煌肩负着防御突厥和吐谷浑的重要任务。隋炀帝继位以后，国力逐步强大，具备了经营西域的政治条件和经济基础。大业五年（609年），隋炀帝率领数十万大军，西巡河西，亲征吐谷浑。隋军以不可阻挡之势，迫使吐谷浑十万人全部投降，取得了胜利。后来设置了西海、河源、鄯善、且末四郡，西域的南道被打通。隋炀帝西巡河西的目的之一就是消除吐谷浑的威胁，此次亲征解除了吐谷浑对隋朝和丝绸之路的威胁。大业六年（610年），隋炀帝采纳大臣裴矩的建议，趁着突厥内部矛盾纷起，使西突厥归附隋朝。隋朝控制了西域，丝绸之路被重新打通。

河西地区是多民族聚居的地方，汉、突厥、吐谷浑等民族在这里杂居，农业与游牧业共同发展。再加上从西域经过此地前往长安、洛阳的商人在这里驻足，所以河西地区的张掖、敦煌等郡成为国际性城市，是中原和西域经济、文化交流的中心地区，是多民族文化汇聚交融之地。

为了促进中西经济、贸易、文化的交流，隋炀帝早在大业三年（607年）就派裴矩到河西张掖主持“互市”，即管理西域商人与当地人的商品交易市场，并啖之以利，给予西域商人丰厚的利益，鼓励他们到隋朝首都进行贸易，西域商人纷纷来到河西及中原洛阳，以进贡的名义进行贸易。他们一方面同隋朝交换西域、中原不同的物产，获得了商业利润；另一方面也满足了隋朝天朝大国的虚荣心。

在主持张掖“互市”的过程中，裴矩结交了西域诸国商人、官吏，了解到西域的自然、地理、风土、人情等，他还阅读了大量典籍资料，在此基础上撰写了《西域图记》三卷。可惜此书已佚失，今天只能在史籍《隋书》《北史》中看到《西域图记》的序言。序言记述了从汉至隋期间西域与中原的关系史，记录了当时通往西域的北道、中道、南道三条路线。这三条道路都发自敦煌，然后经过伊吾、高昌、鄯善，到达中亚和欧洲，敦煌起到了“咽喉之地”的作用。序言讲述了西域四十四国的自然地理和风土人情，并提出了经营西域的策略。

裴矩回朝向隋炀帝进献《西域图记》，隋炀帝看后非常高兴，赏赐裴矩五百匹绸缎，并向裴矩询问西域的事务。裴矩极力夸赞西域有各式各样的珍宝，并指出吐谷浑很容易被吞并。隋炀帝非常向往，计划西巡河西，在张掖举办二十七国大会，威慑西域诸国。

在隋炀帝西巡河西之前，又派裴矩第二次到张掖主持“互市”。裴矩随后又前往敦煌，派使者到西域诸国，用丰厚的利益引诱他们，吸引他们来隋朝进行经济交往、文化交流，邀请西域诸国来河西地区参加二十七国大会，并带领他们入朝觐见。

西域使者和商人来到河西、中原之后，隋朝政府给他们免费提供食宿，在诸事中给予便利，还邀请他们参加各种社会文化活动。大业四年（608 年），隋炀帝邀请他们参加了祭祀恒山的活动。洛阳城里更是一番热闹的场景。为了庆贺西域诸国使节和商人齐聚东都洛阳，从正月十五开始到月底，半个月的时间里，皇城大街上夜间灯火辉煌，欢庆之声响彻云霄，展现了国家强盛、四海升平的景象。

大业五年（609 年），隋炀帝西巡，在结束了对吐谷浑的战事之后，六月在张掖召开了二十七国大会。此次聚会云集了西域二十七个国家的首领及使者。二十七国君主、使者佩戴金玉饰物，穿着华丽的丝毛织品，纷纷前来朝见隋炀帝，表示臣服，各国商人云集张掖进行贸易，河西百姓也盛装参加。张掖一时间车水马龙，礼乐高奏，歌舞百戏，热闹非凡。这样的景象持续了整整一个月。西域诸国被隋朝雄厚的经济实力所折服。这次盛会被历史学家称为古丝绸之路上的“万国博览盛会”，可以说进一步打开了中原与西域之间经济、文化交流的通道，丝绸之路再次向中原、西域敞开。隋炀帝西巡的时间将近十个月，是隋朝经营西部战略的顶峰，也是中西贸易史上一个重要的里程碑。隋炀帝西巡河西，实为不世创举，但是以巨大的经济耗费为代价，给人民带来了沉重的负担。

而敦煌在此时发挥了西域二十七国使者的接待站作用，为这次盛会作出了重要贡献。二十世纪七八十年代，甘肃省歌舞团创作的大型舞剧《丝路花雨》，曾选取这段史实，表现西域二十七国在敦煌举行交易会的场景，展现了丝绸之路上各国人民友好往来的历史画卷。

隋朝时期的互市活动，促进了隋朝与西域诸国的经济联系，扩大了隋朝在西域的影响力，为隋唐时期中外经济、文化的交流和繁荣奠定了基础。

隋朝时期的敦煌社会与文化

随着隋朝降服吐谷浑和西突厥，夺回西域的控制权，敦煌地区因此安定下来，敦煌社会和文化有了长足发展。据《隋书》记载，大业五年（609 年），敦煌的人口有 7779 户，比北朝时期敦煌人口有所增加。隋朝统治者在敦煌实行均田制，轻徭薄赋，大力鼓励屯田，发展畜牧业，敦煌迎来了自西汉以来发展的新高潮。

随着丝绸之路的再次畅通，作为丝绸之路南、北、中三条通道出发点的敦煌，其交通枢纽的作用更加凸显。中原的纺织品、纸张、瓷器等手工业品及文化典籍等由敦煌传入西域，而西域的马匹、金银珠宝、颜料等各种商品，以及音乐、舞蹈、艺术等经敦煌传入中原，极大地促进了敦煌经济、文化的发展和繁荣。

隋文帝、隋炀帝父子大力支持佛教发展，下令各地兴建寺院，剃度僧人，组织官方抄写佛经，并且制定法律条文保护佛教发展。据王邵的《舍利感应记》记载，开皇十三年（593 年），隋文帝下令各州建舍利塔，“瓜州于崇教寺起塔”。崇教寺就在莫高窟，这说明了隋朝对

佛教的倡导远及敦煌。从开皇到大业短短三十余年间，莫高窟开凿的洞窟达到了七八十个，并重修了不少前代洞窟。

隋代时期的石窟窟形有所变化，并且窟内增加了一些不同于前代的造像内容。中心塔柱窟依然存在，但是数量大大减少，而且中心塔柱的形式发生了变化。如莫高窟第 302、303 窟都是中心塔柱窟，其中心塔柱被改造成须弥山的形式。覆斗顶窟是隋代最为流行的洞窟形式。此类洞窟继承了北朝洞窟的样式，同时，在覆斗顶窟中，正壁主龛出现了双层龛的形式。这种双层龛可以放置较多的塑像。这一时期的代表性洞窟有第 303 窟、420 窟、427 窟等。

此时的彩塑技法圆熟，人物性格鲜明，注重佛、弟子、菩萨的身体、面貌、表情的细节刻画。如第 420 窟正壁双层龛内一佛二弟子四菩萨，其中佛像面相略方、肌肤丰满；弟子迦叶肋骨凸现，表现了苦行僧的形象，弟子阿难则是少年的形象；菩萨肌肤洁白光滑，富有弹性，面部表情刻画细致，表现了很高的艺术造诣。第 427 窟中的塑像为三铺（一佛二菩萨）大像，高度超过四米，体现了宏伟的气势，佛、菩萨所穿服饰贴体，具有印度笈多艺术风格，菩萨衣裙出现了来自西域的联珠纹样式。此时的塑像多有上身长、下身短的特点。

莫高窟第 420 窟塑像

莫高窟第 303 窟内景

莫高窟第 427 窟塑像

洞窟壁画内容丰富多样，除了以往的尊像、故事画、供养人画像外，还出现了经变画的题材。经变画就是以画面的形式表现佛经的内容。此时期出现的经变画有弥勒经变、药师经变、维摩诘经变、福田经变等，画面以殿堂建筑为中心，中轴对称，以众多人物及山水背景来探索大幅画面的表现形式。隋代石窟艺术在形式、技法、风格上都有所创新，为唐代石窟艺术极盛时期的到来揭开了序幕。

唐朝前期的敦煌

公元618年，李渊称帝建国，定国号为唐，定都长安，是为唐高祖。经过唐太宗、唐高宗、武则天、唐玄宗等君主的励精图治，唐朝经济繁荣发展、社会安定。敦煌在唐朝社会安定的大环境下，繁荣发展，蒸蒸日上。

隋末战乱中，敦煌曾经发生了叛乱。大业十三年(617年)，武威郡鹰扬府司马李轨起兵反叛，自称河西大凉王，攻占了张掖、敦煌等整个河西走廊地区。第二年，李轨称帝，建元安乐。唐朝建立后，唐高祖李渊最初对李轨采取招抚的方式，但是遭到了李轨的拒绝。武德二年(619年)，李渊派安兴贵包围姑臧，李轨战败，被押往长安斩首。唐朝控制了河西地区，任命贺拔行威为瓜州刺史，管理原来的敦煌郡。武德三年(620年)，贺拔行威起兵反唐。武德五年(622年)，瓜州豪族王幹斩杀贺拔行威，归附唐朝，瓜州再次归入唐朝管理之下。武德五年(622年)，唐朝将瓜州分为瓜州和西沙州，西沙州治所在敦煌，统领敦煌县和寿昌县。武德六年(623年)，瓜州总管贺若怀廓巡视西沙州，被瓜州叛军张护和李通困于西沙州子城，凉州总管杨恭仁救援，被叛军击败。不久，张护、李通攻克子城，杀贺若怀廓，进而逼近瓜州，被瓜州长史赵孝伦击败。西沙州（敦煌）又恢复到唐朝统治之下。贞观七年（633 年），西沙州改名为沙州，敦煌地区逐渐稳定下来。

此时，敦煌周边的不稳定因素并没有解除。敦煌西部和北部的突厥不断侵扰敦煌，吐谷浑则从敦煌南面侵扰河西。武德七年（624 年），唐王朝开始反击突厥和吐谷浑的侵扰，贞观四年（630 年），打败东突厥，贞观九年（635 年），击败吐谷浑。由此，敦煌南部和北部的威胁被消除了。由敦煌再往西，就是高昌政权。高昌王国是由汉人麹氏所建立的政权，受控于西突厥。高昌处在西域和中原的交往之路上，时常阻挠来往于中原和西域之间的使节和商人。所以，想要彻底疏通丝绸之路，就要扫清这个障碍。贞观十四年（640 年），侯君集率领大军出征高昌，取得胜利。唐朝在高昌设立西州，随后又设立安西都护府，镇守此地。

唐朝继续征服了焉耆、龟兹，西域各国纷纷归附唐朝，唐朝在安西都护府下设置了龟兹、于阗、焉耆、疏勒四镇，也就是安西四镇，保证了丝绸之路的畅通，守护了敦煌等河西地区的安全。丝绸之路恢复畅通，商旅使节往来不绝。

天宝七载（748 年），全国都改州为郡，沙州改为敦煌郡。安史之乱之后，敦煌郡又改为沙州。

敦煌作为丝绸之路上的交通要道，是连通中原和西域的重要枢纽，担负着连通中西经济、文化交流的重任。敦煌也是唐朝经营西域的重要据点，唐朝十分重视对敦煌的经营。

军政方面

唐朝中央政府首先在敦煌建立了强大的防卫力量。唐太宗时期，全国实行府兵制。在瓜州设大黄府，在沙州设龙勒府、效谷府、悬泉府三个军府，军府的最高官职为折冲都尉和果毅都尉。200 人为一团，团有校尉;100 人为一旅，旅有旅正;50 人为一队，队有队正;10 人为一火，火有火长。府兵制是一种亦兵亦农的兵制，府兵士卒平时从事农业生产，农闲时节进行军事训练。

唐太宗时期，根据山川地形，把全国分为十道，其中敦煌属于陇右道。唐睿宗景云二年（711 年），分陇右道河西以西部分为河西道。敦煌归入河西道，在河西地区设立赤水军、墨离军、豆卢军等。

景云二年（711 年），唐朝设置了全国第一个节度使——河西节度使，统领凉州、甘州、肃州、伊州、瓜州、沙州（今敦煌）、西州（今吐鲁番）等七州防务，其兵马数量在全国居于前列，为敦煌及河西地区的社会发展提供了强有力的军事保障。

行政管理方面

唐朝在敦煌实行州、县、乡、里制。敦煌一度改名为沙州、瓜州。沙州下设敦煌县和寿昌县。敦煌县、寿昌县下设诸乡 13 个左右。乡之下设里。里是敦煌基层的行政组织，里正是里的长官，负责里中的各种行政事务，如核查户口、征收赋税等等。

唐朝在敦煌具有完备的政权组织和户籍制度，对敦煌实行了有效的管理。据《旧唐书》《新唐书》的“地理志”记载，唐代初期沙州的户口 4265 户、人数 16250 人，到了天宝年间，达到了 6395 户，32234 人，人口增加了近一倍。可见，唐朝时期，敦煌经济繁荣、社会稳定，人口数量也有了显著增长。

农业生产方面

敦煌属于沙漠戈壁地区，全年干旱少雨，其农业生产必须依赖水利灌溉，所以古代敦煌水利比较发达。敦煌的水源主要为南山冰雪融化汇成的河水。唐朝时期，在前代基础上，敦煌修建了较大规模的水利工程，形成了比较完善的水利灌溉系统。敦煌文献 P.2005《沙州都督府图经》记载了敦煌数量众多的水渠，当时敦煌干渠、支渠有 110 余条。

敦煌还具有完备的用水法规。敦煌文献 P.3560《沙州敦煌县地方用水灌田实施细则》就是其中的范例。这是西魏时期设立、一直沿用到隋唐时期的用水法则，对敦煌水利设施的使用、修缮及用水次序、时间等作了详细规定。比如，要求先从主干渠引水到干渠，再到支渠，按照地域远近、地势高低分流灌溉;渠长、渠头是管理水利灌溉的专职人员，保证水利法规的有效执行。

唐代在敦煌地区实行均田制，按照人口授田。敦煌普通民众通过均田制获得土地，经过自己的辛勤耕耘，维持自家的生活。在敦煌石窟壁画中，我们可以看到很多唐朝时期的农田耕作画面。如榆林窟第 25 窟、莫高窟第 445 窟的耕获图，展示了农民从耕种土地到收获的生动画面。

耕获图　莫高窟第 445 窟

耕作图　莫高窟第 23 窟

莫高窟第 23 窟的雨中耕作图，描绘出乌云密布，时雨普降，田间农作物生长茂盛，一位农夫一手扶犁、一手扬鞭策牛，正在田间耕作，田间地头还有农妇和小儿送饭、吃饭的场景，画面犹如田园诗般优美。值得注意的是，图中耕牛拉着的是铁制犁铧。铁制犁铧的使用，体现了当时敦煌农业生产技术并不次于中原。

唐代诗人岑参曾作《敦煌太守后庭歌》，写道“太守到来山出泉，黄沙碛里人种田”，反映了敦煌地区百姓种田、农业发展的状况。

手工业及商业的发展

唐朝时期，敦煌的手工业非常发达。首先是纺织业，织出了很多花样繁多、制作精良的纺织品，为当地高门贵族和中西贸易提供了品种多样的商品。敦煌藏经洞出土了大量唐代幡、绢画、刺绣等纺织品，不乏做工精致、技艺高超者。有一幅来自敦煌藏经洞的唐代佛传故事绢画，现藏于英国国家博物馆。

画面表现的是离别场景:马夫将太子送至山谷修行，太子穿淡褐色交领大袖袍，坐在岩石上，与马夫、红鬃马告别;马夫穿淡红色圆领长袍，单腿跪地，以袖拭面，请求留下侍奉;红鬃白马前蹄跪地，低首流泪，难舍难离。故事画以山水为背景，山峰陡峭，林木苍翠，祥云缭绕，山峰用比较圆润的线条表现轮廓，青绿着色较重，有淡浓渲染效果。画面人物和景致构图细腻、精致，为唐代绢本着色山水人物画精品。

在莫高窟壁画中，可以发现唐朝时期磨面、酿酒、冶铁等行业的工作场景，反映了唐朝手工业发展的繁荣景象。莫高窟第 321 窟壁画中，一人正在推着石磨转动，将粮食磨成粉状物，旁边还有一人协助磨面。

唐代佛传故事绢画　敦煌藏经洞

磨面图　莫高窟第 321 窟

胡商图　莫高窟第 45 窟

敦煌商业活动也非常繁荣，中原的丝绸、瓷器，西域的玉石、珍宝等各种商品在这里聚集交易。中西商旅往来于丝绸之路，络绎不绝。西域的商人驮着物品来到敦煌及内地，进行商品买卖，这在莫高窟壁画中就有所表现，如莫高窟第 103 窟壁画表现了一队西域商人在山间行进的画面。前面是牵着大象的仆人，大象满载着货物，商人则骑在马上，头戴帷帽，后边也有两位仆役。他们来唐朝进行商贸活动。在莫高窟第 45 窟，描绘了一队西域商人牵着满载货物的驼马来内地贸易，在路上遭到了抢劫。他们卸下货物，双手合十，祈求保佑。这些商人多是头戴高帽、深目高鼻、虬髯卷发的西域商人形象。

肉铺图　莫高窟第 85 窟

敦煌文献这样描述敦煌的商业活动，“行行皆有铺，铺里有杂货”。在敦煌石窟壁画中，就有各行各业的商铺，如肉铺、酒肆、客栈等场所。在莫高窟第 85 窟壁画中，一家肉铺的架子上挂满了待售的肉，桌子上下也堆放着肉；在肉铺门口，还有两张桌子，一张桌上放着一整只宰好的羊，肉铺老板正在处理另一张桌子上的肉，两张桌子中间的地面上还趴着一只待宰的羊。可见，肉铺的生意很好，表现出唐朝时期敦煌民众的生活还是比较富足的。画面右下角的地面上还有一只狗，这只狗翘首仰望，好像在期待主人赏赐它一块肉，充满了浓厚的生活气息。

唐朝时期的敦煌社会与文化

唐代前期，由于社会经济的发展，中西经济贸易的繁荣，促进了文化的发展和繁荣，东西方不同体系的文化汇聚敦煌，敦煌文化绚丽多彩。在敦煌，儒家思想占据着主导地位，佛教、道教也繁荣发展，同时还存在祆教、摩尼教、景教等。敦煌藏经洞出土了 6 万余件文献，除了占大多数的佛教文献，还有各种其他宗教文献及世俗文献，展现了我国古代尤其是唐代文化的盛况。在敦煌的教育中，有官方开办的州学、县学，寺院开办的寺学，私人开办的私塾，他们都要教授唐朝规定的儒家经典。藏经洞保存了《尚书》《左传》《礼记》《论语》《孝经》等大量儒家经典，反映了敦煌文化中儒家思想的正统地位。

除敦煌文化呈现了一派繁荣景象外，莫高窟艺术也达到了鼎盛状态。

唐朝时期，敦煌佛教发展进入高峰时期，抄写佛经之风盛行，很多信徒出家为僧尼，佛教寺院大量出现，佛教教团兴盛、佛寺活动频繁。此时，敦煌佛教最显著的特征就是大量洞窟的开凿。大多数洞窟是由敦煌大族主持修建的，因为敦煌大族是敦煌的主导阶层，拥有雄

弥勒大像　莫高窟第 96 窟

厚的财力、物力、人力，有足够的实力完成洞窟的营造。隋唐以来，敦煌大族大多信仰佛教，他们崇佛的相关活动，尤其大族家窟的兴建，掀起了敦煌各阶层在莫高窟营建洞窟的高潮，促进了敦煌佛教的繁荣发展。

唐代前期新建洞窟有150多个。其中，覆斗顶洞窟是唐代最流行的窟形。大像窟是唐代非常具有特色的洞窟，如莫高窟第96窟、130窟及榆林窟第6窟。莫高窟第96窟被称为北大像，窟内主尊为依靠山体而建的高35.5米的弥勒大像。在它的南部崖面有南大像，也就是第130窟，主尊也是弥勒大像，高26米。

此时的造像艺术高度发达，表现为塑像的身体比例适中，面部表情刻画传神，富有神气。如莫高窟第45窟西壁龛内的一身塑像，为一佛二弟子二菩萨二天王，以佛像为中心，按身份等级分列左右的依次为弟子、菩萨、天王。由于身份的不同，人物的表情和气质也截然不同，佛庄严肃穆、温和慈祥，所穿袈裟衣纹流畅；菩萨头束高髻，面相丰腴，肌肤细腻，身材修长，体形呈“S”形，腰围锦裙，神情温婉而妩媚，犹如唐代贵妇人的仪态；天王身着铠甲，身躯魁伟，头束高髻，双眉紧锁，两眼怒视前方，叉腰握拳，重心落于两脚之间，以轻捷稳健的半弓步横跨在恶鬼身上，显现出一种向外爆发的力量和激昂奔放的动感。

洞窟壁画题材多样，有尊像画、故事画、经变画、供养人像等，其中经变画是最重要的题材。此时，洞窟中有观无量寿经变、药师经变、弥勒经变、维摩诘经变、涅槃经变等内容丰富的经变画，为后代经变画构建了基本的构图模式。

弥勒大像　莫高窟第 130 窟

莫高窟第 45 窟彩塑

唐代经变画规模宏大，气势雄伟，色彩艳丽，富丽堂皇，形成了一个壁面一铺经变的巨幅画面。经变画主要表现了欢乐、祥和、幸福的景象，是唐代敦煌社会的映照，也是唐代石窟绘画艺术的高峰之作。

XIEGEI
QINGSHAONIAN
DE
DUNHUANG
GUSHI

写给青少年的
敦煌故事

吐蕃统治下的敦煌

“安史之乱”后，早已觊觎唐土的吐蕃趁西北兵力回撤中原的空虚之机，大举东进。至大历十一年（776年）已攻陷了除沙州以外的整个河西地区，沙州（敦煌）便成为河西尚在抗蕃固守的唯一据点，至贞元二年（786年）才因外无救援，内无粮械而提出“勿徙他境”的条件与吐蕃议和。

在占据敦煌的60余年（786～848年）里，吐蕃强制推行吐蕃化政策，逼迫沙州（敦煌）人民接受吐蕃的生产与生活方式，敦煌社会的发展受到了一定的阻碍。但在这股逆流中，敦煌地区的佛教事业却得到吐蕃统治者的大力支持，莫高窟的开凿仍久盛不衰。

青藏高原上的吐蕃

吐蕃是一个源自青藏高原的由藏族先民所建立的政权。公元6世纪，吐蕃由部落联盟发展为奴隶制政权。公元7世纪初，松赞干布征服青藏高原上的其他各部，正式建立统一政权——吐蕃王朝。这时，唐代史籍中出现了关于吐蕃的记载。长期以来，吐蕃比较强盛，不断对外扩张。公元9世纪以后，吐蕃开始由盛转衰，统治阶级内部矛盾激化，争权夺利，混战不休，奴隶平民暴动不断。公元869—877年平民奴隶发动起义，吐蕃王朝彻底瓦解，形成众多部落和土邦割据政权。

公元六七世纪，吐蕃的民众一部分过着定居的农业生活，种植青稞、小麦、荞麦和豌豆，另一部分过着游牧生活，他们能够制造金器、银器和铜器，也能用铁制造精良的铠甲和锋利的兵刃，织布、织毡等纺织业也比较先进。松赞干布时期，吐蕃不断发展经济和文化，并将目光投向周边地区，向南部、东北部扩张，以期与当时世界上最强大的唐朝建立经济和文化联系。

经过松赞干布两次遣使求亲，最终于贞观十五年（641年），唐太宗将文成公主许配给赞普松赞干布。唐中宗时期，又将金城公主嫁给吐蕃赞普赤德祖赞。文成公主、金城公主入蕃，随行有不少工匠，给吐蕃带去了先进的生产技术，促进了吐蕃经济的发展。同时还携带了儒学、佛学、医学等各类书籍，促进了吐蕃文化的进步。吐蕃也积极派遣贵族子弟到长安国子监学习深造，学习中原先进的文化。唐蕃和亲，既避免双方兵戎相见，保持了较长时间的和平稳定，发展了唐朝和吐蕃的友好关系，又促进了唐朝和吐蕃的经济、文化交流，增进了民族交融、社会稳定。

敦煌保卫战

吐蕃是一个奴隶制王朝，为掠夺奴隶和财富，他们时常与唐朝发生冲突。唐玄宗天宝十四载（755年）至宝应二年（763年），以安禄山、史思明为首的叛军在中原地区发动叛乱，史称“安史之乱”。唐朝为了平定叛乱，将河西、陇右、朔方及西域的军力调到中原，造成了西北兵力空虚。吐蕃趁机向陇右、河西地区进犯，广德元年（763年）攻下兰、河、洮、岷、成、渭州等陇右之地，切断了河西与中原内地的联系。自广德二年（764年）至永泰二年（766年），吐蕃先后占领凉州、甘州、肃州等地，大历十一年（776年），又攻陷瓜州。吐蕃占领了河西及陇右地区，河西地区仅剩下沙州（敦煌）一地尚未被攻陷。

敦煌处于河西地区最西端，面对吐蕃的进攻，敦煌人民在当地大族的领导下进行了顽强的抵抗。《新唐书·吐蕃传》记载：

始，沙州刺史周鼎为唐固守，赞普徙帐南山，使尚绮心儿攻之。鼎请救回鹘，逾年不至，议焚城郭，引众东奔，皆以为不可。鼎遣都知兵马使阎朝领壮士行视水草，晨入谒辞行，与鼎亲吏周沙奴共射，彀弓揖让，射沙奴即死，执鼎而缢杀之，自领州事。城守者八年，出绫一端募麦一斗，应者甚众。朝喜曰:“民且有食，可以死守也。”又二岁，粮械皆竭，登城而呼曰:“苟毋徙他境，请以城降。”绮心儿许诺，于是出降。自攻城至是凡十一年。

意思是说，吐蕃赞普驻扎南山，大将绮心儿率军发动了对沙州的围攻。面对吐蕃的猛烈进攻，沙州刺史周鼎请求回鹘援助，但是援军没有到来，于是建议焚烧城郭，放弃沙州东逃。周鼎的建议引起了敦煌人民的普遍反对。后都知兵马使阎朝杀死周鼎，带领沙州人民进行了 11 年的顽强抵抗，在既无援兵又无粮草的情况下，阎朝等人只好登上城门，提出“苟毋徙他境，请以城降”的要求。绮心儿答应之后，阎朝率众与吐蕃订立城下之盟，投降吐蕃。这样，河西地区最后一地也被吐蕃占领。

从大历十一年（776 年）吐蕃向沙州发起进攻，到贞元二年（786 年）攻下沙州（敦煌），敦煌官吏、大族与军民为保卫家乡进行了顽强的抵抗，最终被迫投降，敦煌被吐蕃占领。

吐蕃对敦煌的统治

吐蕃占领沙州（敦煌）之后，遵守了定下的盟约，并没有大肆杀戮敦煌民众，也没有将敦煌民众迁徙到其他地方，而是在敦煌采取了安民、发展的措施。

政治方面

吐蕃占领河陇诸州之后，改变了唐朝地方行政区划分为道、州、县、乡、里的制度，对该地区实行了军政合一的节度使制度，设置五个节度使，节度使下辖各州，州下设部落，部落下设将，形成了节度使、节儿、部落使、将头等职官系统。沙州的军政长官为节儿，隶属于瓜州节度使。沙州下设部落，把沙州的百姓编成若干部落，主要有僧尼部落、行人部落、丝棉部落、撩笼部落、中元部落等，后来增置阿骨萨部落、悉董萨部落、悉宁宗部落、通颊军部落等。部落下设十将，为基层行政组织。部落、将相当于唐朝的乡里。

经济方面

吐蕃在敦煌实行“计口授田”。唐代前期实行均田制度，吐蕃占领河西之后，改变了授田制度，实行突田制度。敦煌文献S.9156《沙州户口地亩计簿》是一份关于吐蕃统治敦煌时期的田册残卷，记录了敦煌百姓元琮、武朝副等二十户的占田数量，其中有十八户的占田数是一人一突。这就是吐蕃在敦煌实行的“计口授田”制度，标准是每人一突，一突等于十亩。也就是按照每人10亩的标准分配土地。后来这一制度没有实施下去，而是任由土地自由买卖。赋税制度方面，吐蕃要向敦煌部落民户按照地亩征收土地税，即地子;按户征收户税，即突税。“地子”主要有粟、小麦、青麦、豆类等，“突税”包括麦、粟、面、布、油、蚕茧、草料等。部落民户除了缴纳赋税，还要到官府承担建筑、运输、修造、畜牧、守夜、抄经等各种劳役，遇到战争，就要去前线作战。可见，吐蕃时期，敦煌民众依然承担着沉重的赋税。吐蕃时期还有寺户制度和养僧制度，沙州官府向寺院布施粮财，大力支持佛教的发展。

吐蕃时期，敦煌的农业正常运转，主要种植麦粟、蚕桑、林果树木等。手工业发展较为完备，主要有纺织、木质器具制造、泥瓦建筑、铁器铸造、造纸、酿酒等。具有一技之长的工匠往往被称为博士，如制作毡子的擀毡（或起毡）博士、制作木碗的旋碗博士、从事泥瓦建筑的泥博士、用生铁铸造器具的泻博士，等等。敦煌商业也有一定发展。敦煌文献P.3774记载了敦煌人齐周因家中农田歉收，经营酒店获利的情况。P.2912记载了粟特人康秀华买卖胡粉的情况。不过，吐蕃时期，唐朝的货币被废除，商品交易回到了以物易物的交换方式。

吐蕃统治时期，敦煌经济保持持续发展状态，尤其是寺院经济得到了很大发展。每个寺院都占有大量土地，寺院里存积大量粮食和农副产品。

文化方面

吐蕃以佛教为国教。吐蕃占领敦煌后，统治者大力支持佛教，利用佛教拉拢人心，巩固统治。并且，敦煌因躲过了唐朝中央的“会昌灭法”，佛教教团和寺院经济得到了空前发展。此时敦煌的出家僧尼人数和寺院数量都有很大的增加。当时沙州仅有 3 万人，而僧尼就有上千人。寺院数量从吐蕃初期的 13 所增加到吐蕃后期的 17 所。

敦煌地区这一时期的译经、抄经、建窟活动非常活跃。吐蕃高僧法成等人来到敦煌，翻译佛经，促进了汉藏文化的交流与融合。公元 833 年法成来到敦煌永康寺翻译佛经，公元 842 年在甘州修多寺翻译佛经。归义军时期，法成在敦煌被尊为“鼎师”，继续翻译佛教经典，著述经论，直至 869 年去世。官府还组织佛经抄写活动，敦煌民众要在官府和僧团的组织下，完成一定的抄经任务。

此外，莫高窟的营建继续开展。吐蕃统治时期，新建洞窟 48 个，补修前代洞窟 9 个，重绘前代洞窟 28 个，修建的洞窟共有 85 个。敦煌的洞窟艺术有了较大发展，且具有一定的特色。此时的洞窟形制以覆斗顶洞窟为主，塑像造像延续了唐代前期的风格，人物造型传神，依然保持着盛唐的风范。莫高窟第 158 窟涅槃像是吐蕃时期彩塑艺术的精品。涅槃像长 15.8 米，右胁而卧，身体修长，身形轮廓起伏，姿态优美，面部丰满，双目微闭，唇含笑意，带着恬静安详的神情，表现了“寂灭为乐”的涅槃境界。

窟内壁面上的经变画，由整壁巨幅经变发展为一壁多幅经变的布局。同时，在经变画下部，出现了配合经变画内容的屏风画。洞窟中出现了佛教史迹画中的单独瑞像图，如莫高窟第231窟、第237窟佛龛顶部四披的瑞像图。

吐蕃还积极学习中原儒家文化。自从文成公主入藏以后，吐蕃即派使者到长安学习儒家文化。在敦煌，《尚书》《春秋》《千字文》等也被翻译成藏文。儒家文化对吐蕃产生了重要影响。

涅槃佛　莫高窟第158窟

经变画　莫高窟第 159 窟

生活习俗

吐蕃统治下敦煌民众的生活习俗也发生了重大变化。吐蕃带来了自己民族的习俗，在当地实行吐蕃化政策，河陇地区的生活习俗发生了较大变化。

敦煌民众被迫改易服饰和生活习俗。《新唐书·吐蕃传》记载："州人皆胡服臣虏，每岁时祀父祖，衣中国之服，号恸而藏之。"唐代诗人白居易在一首名为《缚戎人》的诗中写道："一落蕃中四十载，身着皮裘系毛带。唯许正朝服汉仪，敛衣整巾潜泪垂。"吐蕃统治者强迫汉人改穿吐蕃服装，敦煌百姓平时不许穿本民族的服饰，只有到了正月初一祭祖的时候才能换上唐朝服饰。敦煌的民众还被要求讲蕃话、辫发、赭面、纹身，禁止使用唐朝年号，改用地支纪年，等等。以上史籍所载，反映了河陇地区在吐蕃统治下汉族人民的悲惨生活和迫切要求摆脱吐蕃统治和压迫的心理。

吐蕃统治者改易民俗的政策，伤害了敦煌民众的自尊心，激发了他们对唐朝的怀念之情。同时，客观上也促进了汉藏文化的交流。

榆林窟第 25 窟婚礼图就表现了吐蕃时期敦煌汉藏青年通婚的场景，反映了汉藏民族之间的认同和融合。此窟婚礼图绘制于吐蕃时期：在一个帐篷内设置了屏风，帐内宾客对坐，吐蕃新郎与汉族新娘在帐前举行婚礼。新郎身穿吐蕃装，头戴毡帽，五体着地行跪拜礼；新娘凤冠霞帔，和两位伴娘身着汉族服饰，立于一侧。榆林窟第 25 窟婚礼图也反映了古代男拜女不拜的习俗，是汉藏文化交流与互动的鲜活实例。

婚礼图　榆林窟第 25 窟

吐蕃统治下敦煌社会的变化

由于当时吐蕃还处于奴隶制社会，吐蕃对敦煌实行了有别于唐制、较为落后的部落制统治，甚至还掠夺一些汉人为奴隶，敦煌民众及大族受到严酷的统治压迫。

唐代沈下贤在《对贤良方正直言极谏策》中言：

> 自瀚海已东，神鸟、敦煌、张掖、酒泉，东至于金城、会宁，东南至于上邽、清水，凡五十郡、六镇、十五军，皆唐人子孙，生为戎奴婢，田牧种作，或聚居城落之间，或散处野泽之中。

《资治通鉴》记载，“吐蕃既得河、湟之地，土宇日广”，“故得河、陇之士约五十万人，以为非族类也，无贤愚，莫敢任者，悉以为婢仆”，描述了吐蕃统治下河陇地区很多民众沦为奴隶的状况。可见，河陇陷蕃之地的汉族民众处境非常悲惨。当然，吐蕃掠夺人口为奴的重要途径是从战争中获得，吐蕃在敦煌地区的掠夺行动，并不是针对大多数百姓的。从S.3287V《子年擘三部落百姓氾履倩等户手实》看，在敦煌400户中，只有氾国珎一户的人被掠走。敦煌百姓大多数都是掌握着一定生产资料的小生产者，敦煌大族更是拥有大量的土地，所以被吐蕃掠走的敦煌人口应该不多。

在敦煌，普通民众的处境每况愈下，敦煌大族也面临着巨大的命运变化。吐蕃占领之前，敦煌大族在敦煌处于统治地位，吐蕃的入侵，颠覆了敦煌大族的统治和主导地位。

敦煌大族一直进行着反抗吐蕃统治的起义。据S.1438《书仪》记载，沙州驿户氾国忠与张清领导民众起义，沉重打击了吐蕃统治者。氾氏、张氏皆是敦煌大族，在吐蕃统治下沦落为社会下层，但是他们的影响力和号召力依然存在，所以敦煌大族氾氏、张氏等领导了反抗吐蕃统治的起义。

面对不断的抗蕃浪潮，吐蕃统治者意识到，在先进的封建文化面前，吐蕃只有采取拉拢当地大族的政策，才能稳固对敦煌的统治。吐蕃统治者开始拉拢汉族大族，他们一方面授予敦煌大族相应的官职，另一方面从经济上保障敦煌大族的土地财产等利益。作为传统的当地大族，他们起初都是抵制异族统治的，但是迫于现实生存的需要，各大族采取了不同的策略，以适应各种复杂被动的局面。

最终，吐蕃统治者和敦煌大族达成了默契，吐蕃统治者拉拢敦煌大族为其统治服务，而这些落蕃大族则利用任职于吐蕃政权之便保全家族的利益。他们中的一部分在吐蕃当局担任官职，维护自己的利益；还有一部分人出家为僧，在佛界担任僧官。对于不想出仕吐蕃的敦煌大族，寺院是他们最好的去处，他们出家为僧，进入佛门，利用佛教寺院保护自己。

敦煌阴氏家族曾是隋唐时期的名门望族，他们不仅在俗界占有重要地位，在僧界也是非常活跃的。索氏家族崇信佛教，高僧索义辩在僧界担任法律职位，索氏一族有多人出家进入佛门，并且修建了莫高窟索氏窟。敦煌李氏高僧辈出，李明振叔父妙弁是当地的名僧，受到赞普的敕封，李氏一族因此受到庇护。敦煌张氏是敦煌颇具影响力和领导力的大族。张议潮的父亲张谦逸生活于吐蕃时期，曾任敦煌大都督，同时，他也是一位佛教信徒，抄写了不少佛经。张氏家族也有多人出家。敦煌翟氏高僧翟法荣的父亲翟涓生活于吐蕃时期，曾担任要职，翟法荣本人也出任敦煌高级僧官僧统职位。

汉藏文化的交流

——告身、大虫皮制度

唐代以来，随着唐蕃交流的日益频繁，吐蕃吸收了中原先进的文化和制度。吐蕃王朝时期，松赞干布效仿唐朝，制定了识别各级官员品位高低的制度，即告身制度。吐蕃告身，是吐蕃授予本部及被征服地区各级官吏和平民百姓的写有文字的饰章，主要由玉、金、银、铜等材质制作，表示不同的身份。

吐蕃除了有告身制度，还有大虫皮制度。大虫皮制度是吐蕃对有战功者赐以虎皮制品，并授予相关称号，以表彰其忠勇。此制度始于松赞干布统治时期。大虫是老虎的别称。吐蕃崇拜虎，他们就将虎皮制品奖给有战功的勇士。按照战功的大小分别授予不同规格的虎皮衣饰和马具。大虫皮就是吐蕃王朝授予有军功者的一种勋号，类似于中原的勋官制度。在敦煌莫高窟中就有此类塑像、壁画形象和题记，表现了吐蕃的大虫皮制度。

莫高窟第 144 窟东壁供养人题记为“夫人蕃任瓜州都督口仓口曹参军金银间告身大虫皮康公之女修行顿悟优婆姨如祥弟一心供养”。

身披“大虫皮”的天王像　莫高窟第 205 窟

可见，吐蕃时期，康公被授予金银间告身和大虫皮奖赏。

莫高窟第 205 窟中心佛坛北侧有一身披着“大虫皮”的天王像。天王内穿甲胄，外披一张完整的虎皮，双手握于腹前，挺胸直立。这身天王像虽然面部残缺，但通过动作、姿态仍可见建立战功的武将雄健威风之气概。

莫高窟第 231 窟东壁维摩诘经变画中，就有描绘吐蕃赞普及西域各国王子听法的场面。吐蕃赞普及随从站在队伍的前列，赞普头戴红色毡帽，身穿左衽长袍，手持香炉，赞普身后有一位身穿虎皮上衣、腰系豹皮围裙的武将随从。这位武将所穿的虎皮卦、虎（豹）皮裙，就

吐蕃赞普及随从 莫高窟第 231 窟东壁

是赞普对其骁勇的赏赐。

莫高窟第237窟东壁维摩诘经变中，也展现了吐蕃赞普及西域各国王子听法的场景。赞普站在听法行列中的显要位置，头戴红毡高冠，身穿左衽长袍，前有仆人燃香，后有侍从擎曲柄伞盖，再往后是一众随从官员。赞普身后的一位随从，身上也穿着虎皮褂。这位随从应该是一名勇士，并且立有战功，获得了赞普授予的虎皮褂奖赏。以上此类形象是吐蕃大虫皮制度的真实表现。

吐蕃赞普及随从 莫高窟第237窟东壁

归义军时代的敦煌

贞元二年（786年）至唐宣宗大中二年（848年），是吐蕃统治敦煌时期，长达半个多世纪。在被吐蕃统治的这段时间里，河西民众日思夜想回归大唐。唐朝朝廷上下也一直想要收复失地，但因唐朝内部割据和战乱，使其无力付诸行动。

直到9世纪中叶，吐蕃政权内部发生动乱，给敦煌民众推翻吐蕃统治、收复失地、回归唐廷提供了良好的机会。

河西的收复与回归

唐武宗会昌二年(842年),吐蕃赞普达磨遇刺身亡。吐蕃国内大乱,混战不断。吐蕃原洛门川讨击使论恐热与鄯州节度使尚婢婢相互攻伐,使吐蕃在河陇地区的统治秩序迅速崩溃,造成了河陇地区的动荡不安,兵防空虚。同时,灾荒连年,敦煌民众生活在水深火热之中。唐朝中央政府决心收复河陇之地。唐宣宗大中元年(847年),河东节度使王宰率代北诸军,于盐州打败吐蕃论恐热。唐军的胜利给敦煌人民带来了希望和勇气。大中二年(848年),张议潮趁机率领敦煌大族及各族民众举兵起义。张议潮采用"烧牛之策",即在牛尾上扎上苇草,浇上油脂,点燃后,牛受惊冲向围城敌军,将士随牛冲杀。起义军披坚执锐,与吐蕃守军展开激烈战斗,最终收复了沙州、瓜州。推翻吐蕃的统治之后,大中二年(848年),张议潮派遣高进达等人赴长安唐朝中央朝廷入奏,得到了宣宗皇帝"关西出将,岂虚也哉"的赞叹,朝臣皆欢呼称贺。

张议潮收复沙州、瓜州之举结束了吐蕃在敦煌的统治,具有开辟先河之意义，促进了唐政府收复陇右的行动。之后，张议潮所率领的军队士气旺盛，势如破竹，公元 849 年先后攻克了肃州、甘州，公元 850 年，又攻克了伊州。大中五年（851 年），张议潮派遣兄长张议谭带着沙、瓜、甘、肃、伊等十一州地图和户籍再赴长安献给唐朝中央，表达归顺之心，唐朝中央朝廷敕封张议潮为瓜、沙、伊等州节度使，之后改为归义军节度使、十一州观察使。敦煌自此进入了张氏归义军统治时期。

大中七年（853 年），张议潮兄长张议潭入朝为质，被授予左金吾大将军。从此，张议潭及夫人索氏生活在长安，直至终老。

张议潮起兵于河西地区最西端的敦煌，之后，归义军军队不断东进，将吐蕃军队驱赶至河西走廊的东部，最后龟缩于凉州一隅。公元 858 年，张议潮开启了艰苦卓绝的收复凉州之战。张议潮率领归义军七千人，经过三年的艰苦征战，最终击败吐蕃兵强马壮的军队，于唐懿宗咸通二年（861 年）收复凉州，并乘胜追击，腰斩其魁首，俘获了大量吐蕃兵士和牲畜、粮食。这样，归义军收复了整个河西地区，正如敦煌文献中所言“六郡山河，宛然而归”，河西地区重新回归到唐朝的统治之下。

随着凉州的收复，归义军势力不断壮大，张议潮自称为河西节度使。张议潮的这种僭越行为，引起了唐朝中央与归义军之间的矛盾。为了限制归义军势力的发展，公元 863 年，唐朝中央朝廷将河陇地区析置为秦州节度使、凉州节度使、瓜沙节度使，把归义军的势力范围剥离出凉州等地，仅剩沙州、伊州、瓜州、甘州、肃州、岷州、廓州等地，改归义军节度使为瓜沙节度使。张议潮担任瓜沙节度使。唐懿宗咸通七年（866 年），张议潭卒于长安。咸通八年（867 年），张议潮接替其兄，被召入长安，授予检校司徒、右神武统军职位，并被赐予田园宅第，价值百千万贯，所得粮料可支持九年用度，同时依然担任瓜沙节度使之职，遥领敦煌之事，实则是受到了朝廷的软禁。咸通十三年（872年），张议潮卒于长安，一直没能回到朝思暮想的敦煌。

自张议潮入朝之后，其侄子张淮深执掌敦煌政权。之后，回鹘、嗢末一度侵扰，攻占了凉州、肃州、瓜州等地。张淮深在再次收复河西地区中立下了赫赫战功。唐朝中央朝廷授予张淮深检校户部尚书职位。张淮深自称河西节度使。文德元年（888年），张淮深正式获得唐朝中央朝廷所赐的旌节，改称沙州节度使。大顺元年（890年），敦煌归义军政权内部发生政变，张淮深被杀害。此后，张氏家族陷入长期的内部权力斗争之中。

而后，张淮深的堂弟张淮鼎成为归义军政权的第三任首领。唐昭宗景福元年（892年），张淮鼎去世，托孤子张承奉于索勋。索勋自立为节度使，执掌政权，不久得到了中央朝廷的正式册封，被任命为归义军节度使。索勋成为第四位归义军节度使。这引起了敦煌张氏、李氏等大族的不满，嫁给李明振的张议潮第十四女张氏，联合夫家李氏发起反击，景福二年（893年），诛杀索勋，立侄男张承奉为节度使，实权则掌握在李氏家族手中。李氏长子李弘愿任沙州刺史兼节度副使，同时处理归义军日常军政事务，次子李弘定任瓜州刺史、墨离军押蕃落等使，三子李弘谏任甘州刺史。李氏诸子掌握了沙、瓜、甘三州军政大权，张承奉实际上只是一个傀儡。

唐昭宗乾宁三年（896年），张承奉铲除了李氏家族，重新掌握政权。光化三年（900年），张承奉被唐朝中央任命为节度使。随着五代时期各地藩镇节度使纷纷独立建国，公元 909 年，张承奉自号白衣天子、金山国圣文神武帝，建立西汉金山国。公元 911 年，西汉金山国被甘州回鹘打败，双方订立城下之盟，盟约规定：回鹘可汗为父，西汉金山国白衣天子为子，子向父献城投降，称臣纳贡，回鹘退兵撤围，西汉金山国势力不得越出敦煌。随后，西汉金山国更名为西汉敦煌国，张承奉由西汉金山国白衣天子改称敦煌国天王。公元 914 年，第五代归义军节度使、敦煌王张承奉去世。来自敦煌大族曹氏的曹议金主持瓜、沙二州事务，取缔敦煌国，恢复归义军，担任节度使。张氏在敦煌的统治就此被曹氏取代。

公元 848 年，张议潮率领敦煌大族及军民起义，推翻了吐蕃在敦煌的统治，归附中央朝廷，使敦煌重新归于大唐统治之下。以张议潮为首的敦煌张氏家族为唐朝统一大业作出了重大贡献。为此，唐懿宗咸通二年（861 年），张议潮在莫高窟修建了功德窟，即第 156 窟。咸通六年（865 年），张淮深续修，完成了此窟的营建。在莫高窟第 156

窟的主室南北壁下部，分别绘制了张议潮及夫人宋氏的出行图，表现了张议潮统军抗击吐蕃、收复河西的雄壮场景及宋氏出行的生活场景。张议潮及夫人宋氏出行图开创了莫高窟供养人像的新形式。

洞窟南壁的张议潮出行图从南壁西端开始，延伸至东壁南侧结束，长约 8 米，表现了张议潮统军出行时仪仗的威严。队伍的前部有横吹、队旗、五方旗、执矟、导引官、衙官、伎乐舞队、六纛、门旌、信幡、旌节、衙官、银刀官等仪仗人员开道；中间是主角张议潮，穿圆领红袍，系革带，骑白马而行，一旁题记为“河西节度使检校司空兼御史大夫张议潮统军（扫）除吐蕃收复河西道行图”；后面是随从卫队，题记为“子弟军”，以及射猎、驮运队伍。画面中，张议潮的身形明显大于周边侍从，显示了其身份的高贵。

张议潮出行图，表现了张议潮收复河西的卓著功勋，以及张氏家族的显赫实力，也显示了其归向中央朝廷并取得了朝廷的敕封后崇功报恩的思想。张议潮出行图中的仪仗配置，反映了我国古代官员出行

张议潮出行图　莫高窟第 156 窟

张议潮夫人宋氏出行图（局部） 莫高窟第 156 窟

卤簿制度，是研究我国古代历史文化的重要图像资料。

与张议潮出行图对应的是北壁张议潮夫人宋氏出行图。宋氏出行图没有严格的礼仪，整个场面富有生活气息，轻松活泼。出行图最前部是杂技、舞蹈、乐队场面，接着是肩舆及拉着行李的车辆。在画面的最下方还有三骑传信的“驲骑”，正快马加鞭扬长而去。在出行图的中间位置是张议潮夫人宋氏，她头梳高髻，戴九树花钗，身穿宽衫长裙，外罩大袖罗衫，脚穿高履，骑马前行，一侧题记为“宋国河内郡夫人宋氏出行图”。夫人宋氏身后紧跟随从卫队，骑马前行。最后是驮运和狩猎队伍。

此出行图同样具有重要的历史价值和文化价值。图中的杂技为顶杆表演，一个人张开双臂，头顶十字长杆，长杆上部有四人进行悬臂

张议潮夫人宋氏出行图中的杂技和乐舞表演　莫高窟第 156 窟

勾脚表演，技艺极为高超。顶杆杂技最早见于春秋时期，“侏儒扶卢”即是此类，汉代时称“都卢寻橦”。晋末中原大乱，许多人前往凉州避乱，带来了中土的杂技和乐舞，同时西域诸国的乐舞杂技亦流传至此。杂技后边有舞伎四人，头梳高髻，身着紫色长袖襦裙舞衣，长裙曳地，披肩巾，举袖抬足翩翩起舞，身体曲线优美自然，富有民间舞蹈风格。舞伎之后有乐伎七人，戴圆形帽，穿长袍，束腰带，持琵琶、笙、笛、筚篥、腰鼓、鸡娄鼓、拍板等乐器，一边前行，一边奏乐。此舞蹈既有中原长袖舞的特点，又有吐蕃弦子舞的风韵，舞伎们飞舞长袖，踏足开臂，舞姿舒展，是汉藏乐舞艺术融合的结晶。张议潮夫人宋氏出行图表现了贵族夫人春游出行的华丽场面，是一幅具有河西地方特色的历史人物图卷，展现了唐代敦煌地区的民俗和社会生活。

张氏归义军政权的统治

公元848年，张议潮率领敦煌大族及军民推翻吐蕃在敦煌的统治，建立了归义军政权。张氏归义军政权建立之后，一方面以逐蕃归唐为旗帜，积极复兴中原传统文化，恢复唐朝制度，归附唐朝中央朝廷；另一方面励精图治，努力恢复和发展当地经济。

恢复唐制

首先，恢复唐朝的州、县、乡、里行政区划制度。在其统治的沙州、瓜州、肃州、甘州、伊州、凉州等地设置县，县下设乡，乡下设里。如沙州管辖敦煌、寿昌、紫亭三县。敦煌县不同时期下设十一乡或十三乡。同时，在归义军政权统治范围内，生活着许多其他族群，如吐蕃、通颊、吐谷浑等，根据实际情况，对这些融合未深的族群，保留了吐蕃时代的部落制度。军事方面，恢复了唐朝的军镇制度。如归义军在沙州设沙州军，在瓜州设墨离军，在肃州设玉门军。

恢复和发展经济

经济方面，实施了恢复经济、发展生产的措施。首先是统计当地人口，张氏归义军初期，敦煌人口有三万余人；其次，承认原有户主土地的所有权；最后，清丈无主的荒地，将无主荒地或空闲土地分配给百姓垦荒耕种。这些措施促进了敦煌等河西地区经济的恢复和发展。张氏归义军政权还对寺院财产和依附人口予以保护，寺院经济比较发达。

敦煌农业生产主要依靠水利灌溉，故疏通水利是恢复和发展农业生产的保证。通过疏通水利，大量屯田耕种，瓜沙地区出现了“万户歌谣满路，千门谷麦盈仓”的富足局面。

畜牧业和手工业也繁荣发展。畜牧业在敦煌经济中占有很大比重，从官方到私人，都有畜牧业。手工业方面，敦煌具有门类齐全的各类工匠，有酿酒的酒户，有从事粮食加工的碾户，有从事油料加工的梁户，有丝织业中的桑匠，有冶铁业中的铁匠，有建筑业中的泥匠和木匠，有从事洞窟壁画绘制的画匠，等等。这些行业在归义军时期也得到了发展。

复兴儒学，发展佛教

在思想文化上，复兴儒家思想的正统地位。吐蕃统治下的半个多世纪，敦煌民众被迫改易服饰和风俗，只有到祭祀祖先的时候，才允许穿上中原汉族服饰，仪式结束之后，再将汉族服饰收藏起来。正如敦煌文献所载：“信义分崩，礼乐道废。”张氏归义军政权建立后，首先向唐朝中央表示忠心，如P.3804《释门杂文》载：“我河西节度使、司空、开国公，伏愿天禄弥厚，福命崇高，常为大唐之忠心。”然后重新

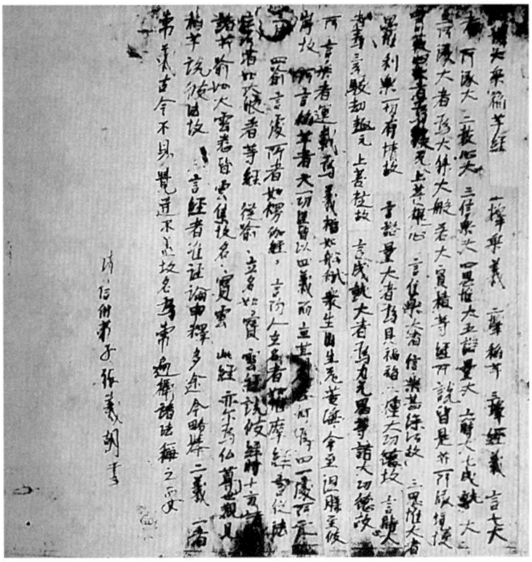

张议潮抄写的佛经

构建以儒家忠孝为核心的道德伦理体系，恢复唐朝官学教育制度，同时，继续推行私学、寺学教育，推动儒学的发展。

张氏归义军政权继续引导和支持佛教的发展。归义军节度使张议潮就生活在一个信仰佛教的世家，他从小接受寺学教育，在敦煌文献中保存着张议潮抄写的佛经文献资料。如 S.5835《佛说大乘稻芊经》的题记就有“亲信佛弟子张义朝书”（张义朝即张议潮）的署名。可见张议潮就是一名佛教信徒。

改革僧官制度，确立敦煌佛教教团的行政管理体制

僧界的最高管理机构是都司，最高僧职是都僧统，以下有副僧统、都僧录、都僧政、僧政、法律、三纲等。上自都僧统，下至都法师等各级僧官的任命、升迁都由归义军节度使决定。敦煌僧官，尤其是高级僧官大都来自敦煌各大族。如来自敦煌大族的吴洪辩、翟法荣、唐悟真、康贤照、阴海晏等先后担任了最高僧官都僧统的职务。

张氏归义军政权参与佛教僧团的相关宗教活动。首先参与教团补配佛经活动，“僧俗所有经卷都就衙交付平判官”。其次参与组织相关宗教活动，如春秋官斋就是由官府和都司组织的最主要的佛事活动，主

要活动有抄写佛经、设斋供养、出度僧尼。十二月结坛转经、水则道场转经、四月八日转经、七月十五日盂兰盆会等活动也由官府参与举行。

主持修建洞窟

归义军张氏等掌权大族积极鼓励和支持敦煌石窟的修建事业，还身体力行，在莫高窟、榆林窟等修建了不少洞窟。如归义军张氏家族在莫高窟修建了第 156、94 窟等。第 156 窟被称为张太保窟，窟主为张议潮，由张议潮、张淮深二人先后主持修建完成。张淮深还建造了第 94 窟，重修了北大像第 96 窟等。

第 156 窟是在张议潮领导敦煌民众推翻吐蕃统治、归附唐朝中央后所修建的，彰显了张议潮的伟大历史功绩。第 156 窟形制为覆斗形顶窟。洞窟前室顶中间绘降魔经变，南侧绘法华经变，北侧绘父母恩重经变。前室南壁、北壁绘天王，北壁西上角是墨书《莫高窟记》，叙述了莫高窟的营建历史，具有重要的历史价值。甬道绘张议潮、张淮深等供养人像。主室南北壁下部是河西节度使张议潮统军出行图和夫人宋氏出行图。主室窟顶、南壁、北壁、东壁绘制经变画十余铺，西壁开一龛，龛内有倚坐佛一身。该窟的营建体现了密宗、净土、华严、禅宗、唯识等宗派思想的融合，表现了当时的历史状况和张氏信仰佛教的情况。

第 94 窟，窟主为张淮深。敦煌文献 P.3720、S.5630《张淮深造窟功德碑》记载了此窟的修建情况。张淮深为了庆贺回鹘战争的胜利及唐朝中央朝廷对其加官晋爵而开凿此功德窟。第 94 窟为覆斗形窟顶、中心佛坛窟。洞窟前室西壁仅存晚唐残画天王、力士。由于此窟

莫高窟第 156 窟

在宋代重修，目前所见主室、甬道壁画皆是宋代所绘，张淮深时期的壁画被宋代壁画覆盖。在南北甬道剥离了部分表层宋代壁画后，才露出了晚唐张议潭、张议潮供养人题记。

曹氏归义军统治时期

曹氏归义军政权的建立

后梁乾化四年（914 年），敦煌大族曹氏取代张氏归义军政权，建立曹氏归义军政权。政权创建者是曹议金。

曹议金，原名曹仁贵，在执掌归义军政权后改名为曹议金（亦作曹义金）。他娶第四任归义军节度使索勋之女为妻，而索勋是首任节度使张议潮的女婿，也就是说，曹议金是张议潮的外孙婿。

《宋史》记载了张、曹归义军政权更替的过程，“朱梁时，张氏之后绝，州人推长史曹义金为帅”，五代后梁时期，张议潮一族无后人，当地人推举曹议金为统领。曹议金取代张议潮侄孙张承奉，任沙州长史兼归义军节度兵马留后，取缔张承奉西汉敦煌国，开启了曹氏归义军政权统治敦煌时期。

《册府元龟》《资治通鉴》等史籍记载，五代后唐同光二年（924 年），中央朝廷“以权知归义留后曹义金为节度使”，任命曹议金为瓜州刺史兼归义军节度使。曹氏归义军政权得到了中央的认可和册封。

后唐清泰二年（935年），曹议金去世，长子曹元德继任归义军节度使。后晋天福四年（939年），曹元德病故，其弟曹元深继位。天福八年（944年），曹元深卒，其弟曹元忠继位。曹元忠是历届节度使中任职时间最长的一位，统治敦煌的时间长达30年。他一方面对内稳定统治秩序，发展生产；另一方面积极保持与后晋、后汉、后周、北宋等势力的统属关系，团结周边政权，使曹氏归义军政权统治达到了鼎盛时期。宋太祖开宝七年（974年），曹元忠卒，曹元德子曹延恭继位。开宝九年（976年），曹延恭卒，曹元忠子曹延禄继位。宋真宗咸平五年（1002年），曹氏归义军政权发生政变，曹延禄和其弟曹延瑞被害，曹延禄侄子曹宗寿执掌归义军政权，被北宋朝廷授予归义军节度使职位，其弟曹宗允被授予尚书左仆射、知瓜州，其子曹贤顺为衙内都指挥使。宋真宗大中祥符七年（1014年），曹宗寿卒，其子曹贤顺继位。北宋朝廷任命曹贤顺为归义军节度使。宋仁宗景祐三年（1036年），西夏李元昊占领沙州、瓜州，曹氏归义军政权灭亡。曹氏归义军政权统治敦煌120多年。

在历任曹氏统治者中，曹延恭因在位时间短暂（974—976年）未被中央朝廷册封外，其他曹氏掌权人都被中央朝廷任命为归义军节度使。

曹氏归义军的统治政策

曹氏归义军政权继续在敦煌采取保持社会稳定、促进经济发展的措施。

一是继续实行张氏归义军时期乡里制度和部落制度并行的政策。在曹氏归义军时期，敦煌县设有敦煌、莫高、神沙、龙勒、玉门、洪池、洪闰、效谷、平康、慈惠、赤心等十一个乡，后来扩大到十二三个乡。对通颊、退浑（即吐谷浑）等族群实行部落制度，共有十个部落。后来改通颊、退浑部落为乡。

二是继续推行张氏归义军政权时期的经济政策，重视农牧业和手工业。官府直接经营畜牧业和手工业，拥有官方的马群、羊群、驼群，设知马官、知驼官等官职，官府拥有各类工匠，推动经济的发展。此时曹氏归义军政权进一步控制寺院，人口对寺院的依附关系松弛，寺院经济衰落。

三是积极处理与中央及周边政权的关系。曹氏归义军政权时期，周边政权林立，东有甘州回鹘、凉州嗢末、西夏党项，西有西州回鹘、于阗，南有南山，北有达怛。面对复杂的周边形势，为了能在各方势力角逐中立足，曹氏政权一方面保持与中央政权的统属关系，另一方面不断调整与周边政权的关系。

自曹议金开始，曹氏归义军政权积极处理与中央朝廷的关系，不断派使节出使中原，奉中原朝廷为正朔。使用中原王朝年号，保持中原的制度和文化传统，接受中原王朝授予的封号。后梁贞明四年（918年），后梁朝廷派使团来沙州，正式承认了曹氏归义军政权。敦煌开始使用后梁年号纪年。后唐同光二年（924年），后唐任命曹议金为归义军节度使，归义军政权正式获得了中央的认可和册封。从后唐起，后晋、后汉、后周、北宋诸朝均对曹氏归义军政权进行了册封。归义军是晚唐王朝所赐的军号，曹氏政权利用唐朝在河西各民族心目中的声威，积极向中央政府求取册封，以树立其在西北各民族中的正统地位。通过取得历届中央朝廷的认可和册封，曹氏归义军政权得到巩固。

同时，面对东部的甘州回鹘政权，曹氏归义军积极处理双方的关系。通过联姻的方式与甘州回鹘结好。公元914年，曹议金娶甘州回鹘可汗的女儿李氏为妻，但是曹氏归义军和甘州回鹘之间仍然是子父关系。后来甘州回鹘政权内乱，曹议金征伐甘州回鹘，归义军取得胜利，扭转了甘州回鹘与曹氏归义军政权的关系，曹氏归义军政权为父，甘州回鹘为子，或者他们以兄弟相称。

莫高窟第98窟为曹议金的功德窟，其中主室东壁门北侧第一身女供养人就是曹议金所娶的甘州回鹘可汗之女李氏。供养人一侧的榜题题记为“敕封汧国公是北方大回鹘圣天可汗……”，题记“可汗”后边字迹漫漶不清，无法识读。但是结合曹议金家族窟第100窟的甬道北壁第一身女供养人题记“……郡……人汧……圣天可汗的子陇西李氏一心供养人”可以确认，第98窟的这一身女供养人就是曹议金夫人甘州回鹘可汗之女李氏。

在征服甘州回鹘之后，曹议金将自己与甘州回鹘可汗之女李氏所生女儿嫁给回鹘新任可汗，甘州回鹘新任可汗成为曹议金的女婿。曹氏归义军政权与甘州回鹘形成了双向的世代姻亲关系。

曹氏政权也与周边其他民族建立了良好的关系。曹氏归义军政权与西州回鹘、伊州政权、北方的达怛等通使，进行经济、文化交流，并远交于阗王国，结成姻亲关系。曹议金将女儿嫁给于阗国王李圣天，是为于阗王后。莫高窟第61窟也是曹氏家族窟，窟主为曹元忠。其中主室东壁门南侧第三身女供养人就是曹议金的女儿、曹元忠的姐姐。其一侧的榜题题记为“姊大朝大于阗国大政大明天册全封至孝皇帝天皇后一心供养”。莫高窟第98窟东壁门南侧还绘有于阗国王李圣天及

东壁门北第一身供养人
莫高窟第 98 窟

东壁门南侧第三身女供养人
莫高窟第 61 窟

王后曹议金之女供养像。归义军节度使曹元忠、曹延禄也先后娶于阗国王女儿为妻。曹氏归义军政权与于阗也结为世代姻亲。

四是支持佛教发展。曹氏归义军政权统治时期，敦煌佛教继续发展。佛教寺院兴盛，僧尼数量众多，并且僧人具有很高的社会地位。寺学教育依然存在并保持繁荣发展。归义军节度使曹议金的次子曹元德就曾住在三界寺求学，索勋的孙子索富通也曾在金光明寺学习。归义军曹氏不仅认可和支持佛教，而且也崇信佛教，经常参加施舍、佛经抄写、修建莫高窟等佛事活动。

佛教发展的重要标志就是莫高窟的兴建。曹氏归义军政权时期，以曹氏诸节度使为首的曹氏和其他大族修建了大量功德窟。如曹议金修建了莫高窟第 98 窟，曹元德修建了莫高窟第 100 窟，曹元深修建了莫高窟第 256 窟，曹元忠修建了莫高窟第 61 窟、第 55 窟，曹延恭、曹延禄修建了莫高窟第 454 窟。

公元 914 年，曹议金执掌归义军政权，自称节度使，并于五代后梁贞明年间至后唐同光年间（915—925 年）修建了功德窟，今编号莫高窟第 98 窟。因为窟主曹议金自称“拓西大王”，故第 98 窟又被称为大王窟。洞窟的修建，除了出于佛教信仰的原因之外，政治目的也很明显。曹议金执政之初，周边的少数民族政权依然是敦煌的安全隐患，为了巩固归义军政权，笼络人心，曹议金便在莫高窟修建了第 98 窟，并且频繁地举行佛事活动，以达到维护其统治的目的。

第 98 窟洞窟窟形为覆斗顶中心佛坛窟，洞窟主室东西 15.2 米，南北 12.8 米，高 10 米，甬道长 6.8 米，宽 3.7 米，洞窟面积达到 200 多平方米，是莫高窟的巨型窟之一。窟顶藻井井心绘团龙鹦鹉，

莫高窟第 98 窟

四披绘诸佛赴会及千佛，窟顶四角有四个凹形浅龛，分别绘东方提头赖吒天王、南方毗琉璃天王、西方毗楼博叉天王、北方毗沙门天王。中心佛坛上的原塑像不存，现存塑像为清代所修。窟内南、北、东、西壁绘经变画，共十一铺，主要有弥勒经变、阿弥陀经变、法华经变、报恩经变、天请问经变、药师经变、华严经变、思益梵天问经变、维摩诘经变、贤愚经变、劳度叉斗圣变等，数量众多，内容丰富。窟内下部绘归义军节度使、诸押衙供养人像和曹氏家族女供养人像等，共两百多身，人数仅次于第 428 窟。第 98 窟的突出特点是甬道南北两侧出现供养人像，其大小与真人类似，供养人中不仅有曹氏眷属，还

莫高窟第 61 窟

有任职于曹氏政权的重要官吏，反映了其修建洞窟的目的之一就是期望上下能团结一致，以巩固政权的统治基础。

第 61 窟，又称文殊堂，修建于后汉至后周时期（947—959 年）。窟主为曹氏归义军节度使曹元忠及夫人翟氏。洞窟东壁及南北壁下部绘曹氏家族女供养人像数十人，她们或者穿回鹘装，或着汉族贵族装。南壁第三身为着汉族服饰的女供养人像，题记为“施主敕授浔阳郡夫人翟氏一心供养”，此人是窟主曹元忠的夫人翟氏。在此窟女供养人像行列中，一般前部绘曹氏与甘州回鹘、于阗联姻的女供养人像，后部绘汉族女供养人像，体现了曹氏归义军政权和睦四邻的政策。

洞窟主室宽 13 米，进深 14 米，四壁高 6 米，顶高 10 米，是莫高窟面积最大的洞窟之一。洞窟窟形为覆斗顶中心佛坛窟。洞窟窟顶四角绘有四个凹形浅龛，分别绘四方天王。中心佛坛上本来供奉着一身骑着狮子的文殊菩萨塑像，可惜目前窟内塑像已经不存，仅在佛坛后面的背屏上留有狮子尾巴的痕迹。从这些残存的遗迹可以推测当时文殊菩萨骑在狮子背上的威严之状。此窟是将主司智慧的文殊菩萨作

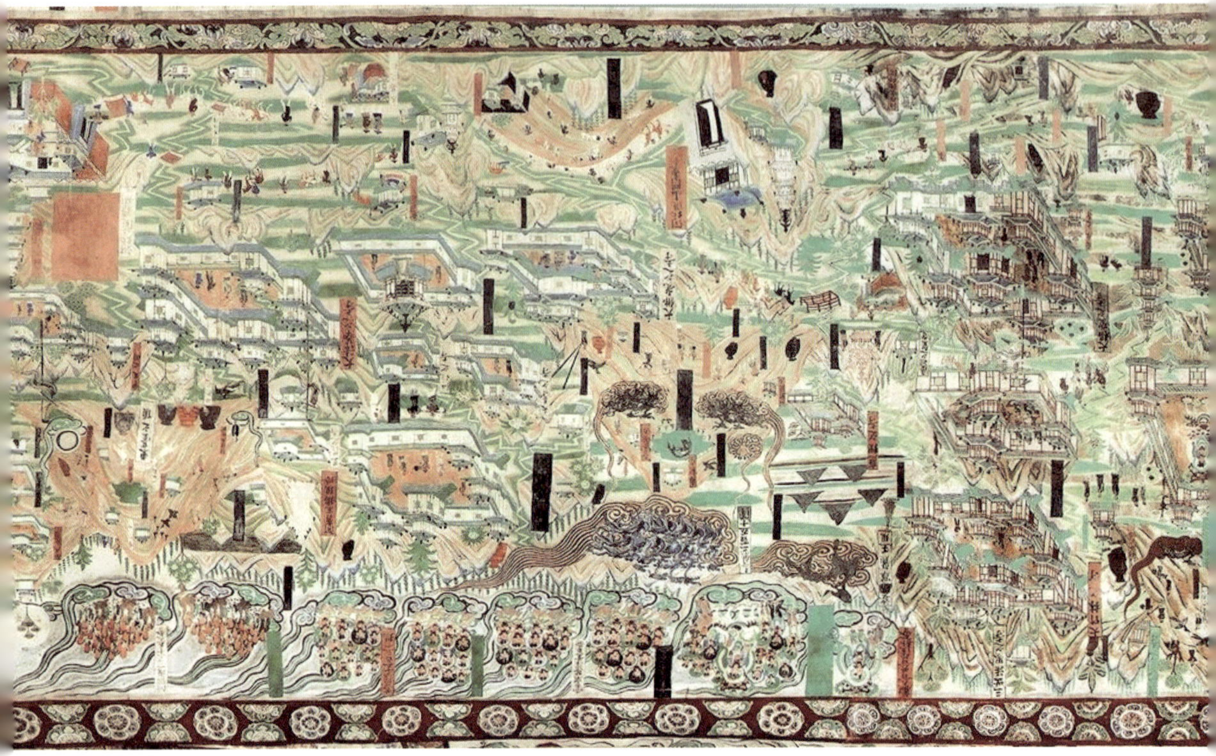

五台山图　莫高窟第 61 窟

为主尊供奉的洞窟。

洞窟南壁自西向东绘楞伽经变、弥勒经变、阿弥陀经变、法华经变、报恩经变五铺，下部绘屏风画和女供养人像。北壁自西向东绘密严经变、天请问经变、药师经变、华严经变、思益梵天问经变五铺，下部绘屏风画和女供养人像。洞窟东壁绘维摩诘经变及女供养人像。洞窟西壁绘巨幅五台山图一铺。五台山位于今山西省五台县境内，被中国佛教徒认为是文殊菩萨的修行道场，故五台山图作为文殊菩萨的背景被绘制于洞窟之中。此铺五台山图高 3.6 米，长 13 米，面积达

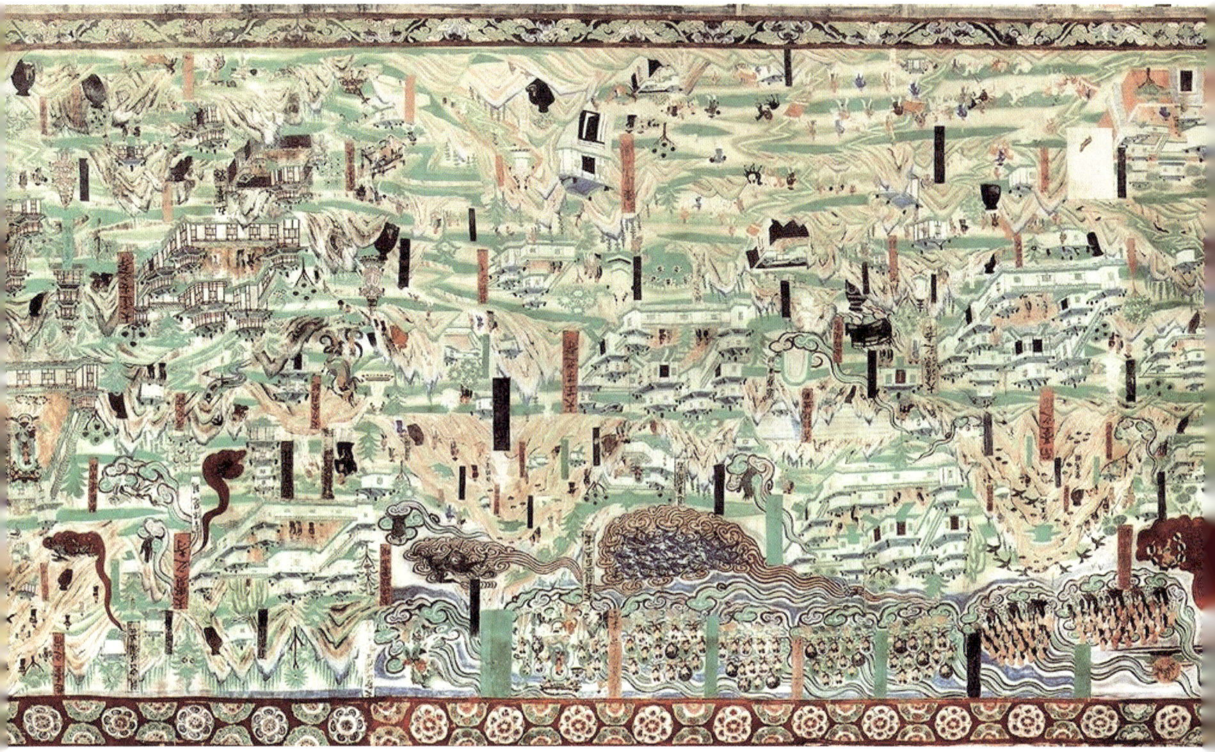

46.8 平方米，描绘了五台山的全景，展现了从山西太原途经五台山到河北镇州的地理形势、山川景色、风土人情。画面构成分为三层:上层是众菩萨乘祥云现五台山上空的场景;中层是五台山的自然地貌和佛寺建筑，其间穿插灵异化现;下层是人们朝圣五台山时沿途城镇的自然风貌与社会生活状况。此图根据唐代五台山的真实地理位置和现实生活绘制，具有珍贵的历史价值、艺术价值，是研究古代社会生活、生产、民风习俗的重要资料。

曹氏归义军政权时期，创建的洞窟近百个，加上重修的洞窟，共有 200 多个，使莫高窟的修建达到了莫高窟营建史上的最高峰。此时的洞窟皆受第 98 窟的影响，形制和造像、壁画艺术及布局具有很大的一致性。洞窟形制基本都是中心佛坛式大型窟。窟顶四角画四大天王，经变画承袭前代题材，但是内容情节有所增加。故事画以屏风画的形式出现，一窟之内种类较多。供养人像出现于甬道，且画像与真人大小略同，供养人数量多，且千人一面，呈现程式化倾向。

曹氏不仅在莫高窟开凿洞窟，而且在榆林窟也修建了大量洞窟。其在榆林窟开凿和重修的洞窟，占到了榆林窟总窟的一半以上。据学者研究，在 42 个有编号的榆林窟洞窟中，曹氏家族所修建的石窟就有 28 个，故可以认为榆林窟是以归义军曹氏为主体所营建和重修的石窟。这一时期榆林窟的内容及布局与莫高窟大体相同，故不再赘述。

曹氏归义军时期，洞窟的修建、洞窟壁画的制作主要由曹氏节度使衙门设立的“画院”“伎术院”参与施工，这里汇聚了大量的能工巧匠，有助于大型洞窟的开凿及巨型壁画的绘制;同时，也使洞窟形制及造像壁画模式基本一致，表现了曹氏归义军时期石窟艺术的程式化特征。

回鹘、西夏、元时期的敦煌

两宋时期，随着海上交通的兴盛和陆上丝绸之路的衰落，敦煌也逐渐衰落。但敦煌仍然是多民族聚居的地方，回鹘、西夏、元朝政权对这里产生了重要影响。

回鹘时期的敦煌

甘州回鹘与沙州回鹘

回鹘原名回纥，中唐时期改称回鹘。隋唐之际，回鹘分布在突厥北娑陵水流域，过着游牧生活。初唐时期，回鹘摆脱漠北东突厥汗国统治后，成立回鹘汗国，归附唐朝。多位回鹘可汗迎娶唐朝公主，与唐朝结为姻亲。自骨力裴罗可汗开始，历代回鹘可汗都接受唐朝的册封。公元 9 世纪 40 年代，由于汗国内乱和自然灾害，漠北回鹘汗国崩溃，部众向南、向西逃散，其中一部分部众迁至河西地区。他们依然保持着原来的部落组织，后来在甘州、沙州建立了甘州回鹘和沙州回鹘政权。

张氏归义军政权建立初期，得到唐朝政府的支持和河西人民的拥护，回鹘依附于归义军政权。公元 890 年，张淮深被杀后，张氏政权内部动荡不安，实力大大削弱。到张承奉时期，回鹘脱离了归义军政权，成立了甘州回鹘政权。甘州回鹘与张承奉所建立的金山国多次发生战争，最终形成了甘州回鹘和张承奉金山国之间的“父子”关系。

曹氏执掌归义军政权时，采取和亲政策，不断加强与回鹘之间的联系。曹议金娶甘州回鹘可汗之女李氏为妻，后来将女儿嫁给回鹘可汗，结成世代姻亲。在沙州（敦煌），沙州回鹘势力不断壮大。曹元忠死后，曹氏归义军政权名义上是曹氏传人掌握，实际上政权逐渐掌握在回鹘人手中。曹贤顺任归义军节度使时期，归义军政权回鹘化特征突出，史籍中出现了“沙州回鹘敦煌郡王曹（贤）顺遣使来贡”的记载。可见，沙州回鹘在敦煌的势力非常强大，主宰了归义军政权。

公元 1036 年，西夏攻占沙州，可是西夏一直忙于本土建设及与宋辽的战争，没有精力经营沙州。沙州回鹘最终成为敦煌的实际统治者，并建立了沙州回鹘政权。沙州回鹘统治敦煌的时间大约在公元 1036 年到 1070 年之间，历经 30 多年。

回鹘时期的石窟艺术

沙州回鹘时期所修建的洞窟有 20 多个，主要分布在莫高窟、榆林窟和西千佛洞。大部分洞窟是对前朝洞窟的重绘，壁画题材基本沿袭曹氏归义军时期的样式，但表现形式相对简单，色彩过于单调，出现了千篇一律的千佛，或者简单的净土变。同时受高昌回鹘艺术的影响，壁画内容出现了十六罗汉图、行脚僧图、儒童布发图及回鹘供养人像等。

儒童布发图表现了释迦牟尼前世为儒童菩萨时，将长发铺于泥地，使定光佛从其长发上踏过，以此因缘，后来成为释迦牟尼佛的故事。榆林窟第 39 窟儒童布发图中，定光佛居于画面中间，两侧各有一身菩萨，一菩萨手捧花篮，另一菩萨散花，下方一位儒童伏跪于地面，长发铺地，定光佛脚踩于长发之上。整个画面构图简单，色彩明快。

儒童布发图　榆林窟第 39 窟

莫高窟第 409 窟开凿于五代时期，壁画为回鹘时期重绘。洞窟东壁门南北两侧分别绘回鹘国王、王妃供养人像。其中，南侧的回鹘国王，面部丰满，两颊肥硕，头戴回鹘王冠，身穿圆领窄袖绛红色团龙纹长袍；腰束盘带，带上佩有短刀、砺石、解结锥、荷包、火石袋等鞢韘；脚蹬白色毡靴，立于地毯上。回鹘国王手持香炉，烟云袅袅。前面

回鹘王供养像　莫高窟第 409 窟

有一名少年，身穿没有图案的长袍，似为王子；后面跟随八名侍从，头戴毡帽，身穿圆领窄袖短袍，足蹬白色毡靴，分别持权杖、背盾、伞盖、龙纹扇、刀、弓、剑、箭、铁爪篱等武器。

西夏时期的敦煌

西夏的建立者是党项族。党项族是古代西羌族的一支，南北朝时期，生活在今青海东南部的黄河九曲一带，隋末唐初，其势力范围扩大至今四川、青海、西藏交界处的草原地区。党项族的八个部落中，以拓跋氏部落最为强大。因受到吐蕃政权的威胁，公元八九世纪，党项族逐渐向今甘肃东部和宁夏地区迁徙。唐朝末年，党项族参加了对黄巢农民起义的镇压，酋长拓跋思恭被唐朝中央朝廷封为定难军节度使，赐姓李氏，爵号夏国公。从此，党项族拓跋氏改称李氏。党项族李氏成为臣服于唐朝中央政府的地方割据政权。以后，党项李氏继续臣服于五代政权与北宋朝廷。经过首领李继迁、李德明时期，党项族势力进一步发展。公元 1028 年，李德明子李元昊率军灭甘州回鹘政权，占领了甘州，公元 1032 年又攻陷凉州。同年，李德明去世，李元昊成为党项族首领。公元 1036 年，李元昊率军继续向西推进，攻陷肃州、瓜州、沙州。公元 1038 年，李元昊称帝，国号大夏，定都兴庆府（今宁夏银川），建立了以党项族为主体的封建国家，史称西夏。敦煌地区进入西夏政权统治时期。

西夏统治敦煌后，模仿北宋，建立了一套完整的管理体系，实行州、县、乡、社制度，在瓜州设立监军司，管理瓜、沙二州的边防和军队。

在经济发展方面，西夏重视农业的发展，修整水渠，为农业发展提供保障。西夏积极学习中原先进技术，使用先进的农业生产工具。在西夏洞窟榆林窟第 3 窟的犁耕图中，农夫左手扬鞭，右手扶犁，两头健壮的耕牛头上横置木杆，奋力拉动深深插入土中的犁头。西夏时期，吸收了汉文化并引进了先进的耕作技术，采用二牛抬杆牵拉直辕犁的耕作方式耕地，促进了农业的发展。

犁耕图　榆林窟第 3 窟

西夏以畜牧业为传统生产方式，由此在一定程度上带动了敦煌畜牧业的发展。敦煌当时主要养殖马、牛、羊、骆驼等牲畜。

西夏手工业也比较发达，棉麻纺织和皮毛加工业、冶铁业和酿酒业等是典型的代表。当时，西夏还设置了“铁冶务”机构，负责锻造兵器等。榆林窟第 3 窟中的锻铁图中，地面上放着一个古老的立柜式风箱，一人左手往炉里加燃料，右手用力地拉风箱。风箱的一侧有两个人，他们抡动大锤在用力锻打。西夏冶炼业规模较大，水平较高，西夏出产的甲胄和刀剑在当时颇负盛誉。从这幅锻铁图可以看出，当时锻造动力已经使用了比较先进的竖式鼓风设备。

锻铁图　榆林窟第 3 窟

酿酒图　榆林窟第 3 窟

同窟还有酿酒的场景。图上画有一个炉灶，灶台上方是塔式蒸馏器，一名妇女半跪着在灶前烧火，手中还拿着吹火筒；另一名妇女站在灶台旁，手中端着碗，两人正在交谈，仿佛是在评说品尝过的新酒。地面上还有酒壶、高足碗、木桶等。此图真实地反映了西夏的经济状况和饮酒习俗。

西夏时期，在敦煌莫高窟、榆林窟、东千佛洞等处修建了不少洞窟，洞窟壁画内容反映了当时的社会经济和文化面貌。

元朝时期的敦煌

元朝的统治

蒙古族原居住在额尔古纳河上游（今内蒙古自治区东北部），约11世纪时西迁，在蒙古草原及周围形成了很多部落，他们以游牧为生。公元1206年，铁木真统一各部，建立了蒙古汗国。他们擅骑射，拥有骁勇的骑兵部队，不断扩张势力范围，进行了规模浩大的西征和南征。公元1224年，蒙古军对敦煌发动了进攻。当时敦煌处于西夏统治之下，西夏军队和沙州民众进行了英勇的抵抗，保住了敦煌。但是，沙州军民元气大伤。公元1227年，蒙古军队再次进攻，并占领沙州。蒙古占领敦煌后，将其划入八都大王（即拔都）的封地。之后，蒙古军队进行了第二次、第三次西征，势力不断向西扩展，到达了西亚、欧洲。公元1260年，忽必烈称帝;公元1271年，建立元朝。敦煌处于元朝统治之下。

公元1276年，元朝攻占临安，公元1279年，消灭南宋最后一支抵抗势力，统一全国。元朝的疆域空前辽阔，“北逾阴山，西极流沙，东尽辽左，南越海表”。元朝在中央设置中书省，在地方设置行省。

为了加强对陇右地区的统治，元朝政府设置了甘肃行省，行省下设路、府、州、县。公元 1277 年，沙州升格为沙州路，瓜州也隶属于沙州路管理。

对敦煌的经营措施

农业发展方面，首先，设置河渠司治，统一管理瓜沙地区的农田水利，为农业发展提供了制度保障;其次，清查户口，授田给当地百姓，同时在沙州实行军队屯田，将富裕户的多余土地分给驻扎在沙州的军队屯种。由于屯兵规模庞大，他们生产的粮食不但满足自己食用，而且还有多余的粮食上交，由此可见敦煌的屯垦种植比较发达。军政方面，加强敦煌的防卫力量，修缮沙州城府，增派戍卒驻守。这时的敦煌出现了稳定繁荣的景象。

但是，宋代以后，随着海上丝绸之路的兴盛，陆上丝绸之路衰落，敦煌也就失去了往日的交通要道地位，仅成为河西通道上的一个补给站。公元 1291 年前后，元朝政府又迁徙瓜州、沙州民众至肃州、甘州，敦煌的地位一再下降。

洞窟中的元朝文化

莫高窟和榆林窟都有元朝时期留下的洞窟，这是研究元代文化的宝贵资料。在莫高窟，元代新建洞窟 8 个，重修洞窟 19 个。在榆林窟，元代新建洞窟 1 个，重修洞窟多个。洞窟大致可分为中原风格洞窟和藏传密教风格洞窟，如莫高窟第 3、97 窟为中原风格的洞窟，莫高窟第 465 窟是藏传密教风格的洞窟。

千手千眼观音变　莫高窟第 3 窟

莫高窟第 3 窟是一个以观音为主题的洞窟，建于元代。此窟窟形为小型殿堂窟。主室为覆斗顶，藻井中心浮塑四龙，中心残毁，四披画联泉纹图案，也有残损模糊情况;洞窟西壁为盝顶帐形龛，现存清代重修的八臂观音菩萨。

洞窟南壁、北壁正中皆绘千手千眼观音变，中间主尊是十一身千手千眼观音立像。东壁门上画趺坐佛五身，门北画散财观音一身，门南画净瓶观音一身。其中，北壁的十一身千手千眼观音像以线描为特色，绘画技术精湛，衣裙、巾带的线条时而圆转酣畅，时而劲拔顿挫，人物面部、肢体则用遒劲的铁线勾勒，自然、匀称、丰满、细腻，造型准确。中国人物画的各种线描，几乎全部荟萃于此，代表了元代绘画艺术的高度。第 3 窟千手千眼观音像是敦煌壁画艺术的杰作。

第 3 窟的独特之处，还在于它独特的壁画地仗层。该窟的地仗层是由沙、土、石灰混合的三合土一次制作完成的，而非传统的地仗层制作程序。莫高窟传统的地仗层分三部分:底层是粗泥层，中间层是细草泥层，表层是澄板泥或者白灰。第 3 窟是敦煌石窟中唯一一个类似意大利湿壁画绘制技法的洞窟，即在洞窟壁面上涂抹草泥、白灰时，掺入了细沙，不等壁面干燥，就在壁面上进行作画。这样绘制的壁画墨色润泽，具有不易剥落、龟裂，色彩鲜明，可长久保存等优点。

近年来，关于莫高窟第 3 窟的时代判定也有新的观点，部分学者认为是西夏时期洞窟。

莫高窟第 465 窟

莫高窟第 465 窟是这个时期的代表性洞窟。洞窟主室窟顶为覆斗

莫高窟第 465 窟

莫高窟第 465 窟东壁

形顶，平面呈长方形，洞窟中心是一个四层的圆坛。整个洞窟以藏传密教为主题，窟顶是典型的刚界五方佛，藻井井心绘大日如来，东披绘阿闳如来，南披绘宝生如来，西披绘无量寿佛，北披绘不空成就如来。

洞窟东壁门上绘金刚五身，东壁门南、门北各绘曼荼罗一铺。洞窟西壁、南壁、北壁各绘三铺曼荼罗。

第 465 窟壁画是我国现存最早的藏密艺术，内容丰富，形象神秘，线条细腻，色彩鲜明，艺术效果强烈，具有浓厚的藏传佛教文化艺术风格，为敦煌艺术增加了新的品类。

XIEGEI
QINGSHAONIAN
DE
DUNHUANG
GUSHI

写给青少年的
敦煌故事

明清之际的敦煌

宋代以来，随着海上丝绸之路的兴盛，敦煌在中西交通中的枢纽地位逐渐下降。明朝时期，敦煌更是进入了历史发展的低谷期，到了清初，敦煌城重修，莫高窟逐渐恢复了一丝生机。

敦煌的失与得

明洪武元年（1368 年），朱元璋攻占元大都，元朝灭亡，明朝建立。为了加强西北戍防，洪武五年（1372 年），明朝在肃州（今酒泉）往西 35 千米处修建了嘉峪关，之后，经历了四个阶段的修缮，于公元 1541 年完工。敦煌被弃置嘉峪关外。

明洪武五年（1372 年），明太祖朱元璋派大将徐达、冯胜等率军西征，连续攻克凉州、甘州、肃州，随后又攻克瓜州和沙州（敦煌）。明朝为了经营西域，在肃州以西至哈密地区设立了卫所，其中在敦煌设立的是沙州卫和罕东卫。沙州卫和罕东卫担负西域防线军马粮草的供应重任，为明朝政府经营西域提供了物资保障。

沙州卫指挥使由蒙古部落酋长担任，沙州常年动荡不安。公元 1446 年，明朝甘肃镇将任礼率军进入沙州，将当地 200 余户、1230 余人迁入嘉峪关内，安置在甘州，沙州卫遂废。敦煌继续由元朝残余势力统领。公元 1483 年，明朝政府在此地设立罕东左卫。公元 1528 年，沙州被吐鲁番汗国占领。嘉靖十八年（1539 年），嘉峪关彻底闭关。敦煌地区被弃于关外近 200 年。

明朝末年，农民起义不断。崛起于东北地区的满族建立清朝。公元 1644 年，清兵进攻山海关，攻占北京，明朝灭亡。康熙时期，清朝开始经营西域，嘉峪关以外的地方逐渐恢复到中央政府统治之下。雍正元年（1723 年），清朝在敦煌古城以东设置沙州所。公元 1725 年，沙州所升格为沙州卫。公元 1726 年，迁徙西北 56 州县 2400 余户至沙州定居，同时给移民分配土地、农具、粮食、银两，帮助他们开垦田地，发展生产，沙州卫新城由此建立起来。后来随着城市规模的扩大，人口的增加，经济的发展，乾隆二十五年（1760 年），沙州卫改为敦煌县。

清朝为了巩固和强化对敦煌的统治，在敦煌县下设“三班六房”，即快班、皂班、壮班和礼房、吏房、兵房、刑房、户房、工房，设立儒学署管理当地文化教育，设立典吏署管理地方刑狱。在农村实行六隅五十六坊制度，管理农业生产、赋税、徭役等事务。这样，敦煌的政府管理机构逐渐健全，社会经济得到恢复和发展。

明清时期的敦煌文化

宋代以来，随着海上丝绸之路的兴盛，敦煌在中西交通中的枢纽地位逐渐下降，西夏、元时期的敦煌汉人数量减少，汉唐时期形成的以汉族文化为主体、融合多民族文化的敦煌文化已逐渐衰弱。明朝时期，敦煌更是进入了历史发展的低谷期。敦煌成为关外之地，无行政建制，无人经营管理，水利失修，良田荒芜，经济衰败，与内地交流很少，莫高窟停止了新窟的开凿，已有洞窟荒废。到了清初，敦煌城重修，莫高窟逐渐恢复生机。

敦煌城重修期间，督修敦煌城的汪漋发现了《李氏再修功德碑》和莫高窟壁画。嘉庆年间，学者徐松在《西域水道记》中记录了莫高窟碑刻文字，并对莫高窟的创建年代和历史作了探讨。道光年间，敦煌知县苏履吉修撰的《敦煌县志》记载了描述莫高窟的版画和诗文。

清朝时期，迁徙至敦煌的民众不断繁衍生息，敦煌人口数量有所增加，敦煌的教育受到重视和发展，人们的思想文化水平逐渐提高。

敦煌佛教信仰和文化依然存在，信众们新建了莫高窟第 11 窟和第

清代重修的莫高窟第 94 窟塑像

228 窟，并对 200 多个前代洞窟进行了修缮，但其工艺水平、艺术水平无法与前代相比，属于简单拙劣的修整。

清朝时期，敦煌经济文化落后，又失去了丝绸之路重镇的地位，得不到清朝的重视，更谈不上对莫高窟艺术宝藏的保护。

清朝末年，国家衰弱，政府无力顾及敦煌。敦煌莫高窟处于无人看管的荒废状态。很多洞窟坍塌，或被风沙掩埋。

直到有一天，一个名叫王圆箓的道士在莫高窟住下，莫高窟藏经洞被无意间发现，敦煌文化艺术才逐渐被世人关注和重视。

敦煌文化的保护与传承

敦煌文化遗产主要包含三个方面的内容:敦煌石窟、敦煌藏经洞出土文物、敦煌地区的古代遗迹及出土文物。其中,敦煌石窟是敦煌文化遗产的主体。

被称为20世纪中国四大考古发现之一的敦煌藏经洞,在中华文明发展史上具有重要意义,也在世界上引起了广泛关注,由此产生了一门世界性的学科——敦煌学。

敦煌藏经洞的发现

讲到敦煌藏经洞的发现，我们必须认识一位名叫王圆箓的道士，他对藏经洞的发现起到了重要作用。

公元 1849 年，王圆箓出生于湖北麻城一个农民家庭，自幼因灾荒逃难到肃州（酒泉）一带。光绪年间，王圆箓成为肃州巡防营的一名兵勇，离开军队之后受戒成为道士，道号法真，时人称他为王道士。之后他开始云游新疆等地，于光绪二十三年（1897 年）来到敦煌莫高窟。

王道士来到莫高窟后，在莫高窟南区北部的下寺住了下来，修建了一座三清道观，成为当地人信仰供奉的宗教场所，由此聚集了一批信徒。王道士雇人抄写道经，并将窟内某些佛像改为道教灵官，同时他也成为了莫高窟的守护员。

由于莫高窟长期无人过问和看管，积沙已经封住了下层洞窟。王道士开始清理下层洞窟的积沙。清理积沙是一件既费时又费力的事情，仅清理今编莫高窟第 16 窟中的积沙，他就花费了近两年的时间。为此，王道士雇了一位名叫杨果的贫穷士子，来为自己做一些文案整理和积沙清理的工作。当第 16 窟的积沙被清理完毕后，其洞窟甬道畅通，洞窟壁面也就失去了支撑力量，甬道壁面出现了裂缝。

清光绪二十六年五月二十六日（1900 年 6 月 22 日）中午，有些乏困的杨果在一个洞窟的（今莫高窟第 16 窟）甬道内休息，他用芨芨草引火抽起了旱烟，随手将燃烧剩下的芨芨草插进甬道北壁的裂缝中，但是长长的芨芨草触不到墙缝的底，杨果敲了敲壁面，发现墙壁声音有些不对，感觉墙内是空的。警觉的杨果将此事告知王道士，两人猜测墙后可能有密室。等到半夜时分，王道士和杨果偷偷将墙壁扒开，结果正如他们所料，眼前出现了一个堆满经卷、绢帛等物的密室。王圆箓的墓志明确记载了这一历史事件：

沙出壁裂一孔，仿佛有光。破壁，则有小洞，豁然开朗，内藏唐经万卷，古物多名。见者多为奇观，闻者传为神物。

画家谢稚柳先生根据相关材料描述了洞窟内的场景：

更发泥块，则为一小洞，约丈余大，有白布包等无数，充塞其中，装置极整齐，每一白布包裹经十卷。复有佛帧绣像等则平铺于白布包之下。

藏经洞藏有公元 4—11 世纪的佛教经卷、社会文书、刺绣、绢画、法器等文物 6 万余件。这一发现为研究中国及中亚古代历史、地理、宗教、经济、政治、民族、语言、文学、艺术、科技等提供了数量庞

莫高窟藏经洞（第 17 窟）

大、内容丰富的珍贵资料。

沉睡了八百多年敦煌藏经洞（今莫高窟第 17 窟）无意间被唤醒，不久便引起了全世界的关注，一个新的国际学科——敦煌学即将诞生，由此揭开了莫高窟新的历史篇章。

可以说，莫高窟闻名世界源于王圆箓的意外发现。自此，莫高窟引起世人的关注。可惜，首先到来的是疯狂的西方掠夺者。

列强掠夺敦煌文物

王道士虽然是一个没有太多文化的人，但是面对这么多的古代经卷和绢画，他也知道它们的宝贵。

于是，他徒步数十里，赶往县城找到敦煌县令严泽，还奉送了藏经洞的两卷经文，希望引起这位县令的重视。可惜，县令严泽不学无术，竟把这两卷经文当成是两张发黄的废纸。1902 年，王道士又向新任敦煌县令汪宗翰汇报了藏经洞的情况，这位进士出身、对金石学也颇有研究的县令当即去莫高窟察看，并顺手拣了几卷经文带走，他也只是让王道士就地看好藏经洞，却未对藏经洞采取有效的保护措施。

王道士又从藏经洞挑拣了一箱经卷，赶着毛驴行走 400 多千米奔赴肃州（酒泉），将经卷送给安肃道的道台兼兵备使廷栋，廷栋浏览了一番，没有特别的兴趣，觉得这些经卷的书法不如他的书法好，只留下经卷，就此了事。

藏经洞文献不受重视，可有人却视之为瑰宝，他们从不同国家来到中国西部，来到敦煌莫高窟。

第一个来到莫高窟盗宝的人是斯坦因。

1907 年 3 月，已经在新疆盗掘了大量文物的英国籍匈牙利人斯坦因，听说了藏经洞被发现的消息后，就迫不及待地赶到敦煌。当时王道士外出化缘，斯坦因一边等待，一边从敦煌西北的长城烽燧遗址获得了大批汉简。5 月，斯坦因再次来到莫高窟，以玄奘崇拜者的身份，骗取了王道士的信任，以 4 块马蹄银的代价，从王道士处换得经卷 200 捆、文书 24 箱和绢画丝织物 5 大箱。1914 年，斯坦因再次来到敦煌，从王道士处获得写本 570 余卷。这些文物后来被运至英国和印度，收藏在英国博物馆、英国图书馆和印度新德里中亚古物博物馆。此后，西方窃贼接踵而至。

1908 年 2 月 25 日，法国人伯希和在新疆得知了藏经洞出土文物的消息后，也来到敦煌。在对王道士一番诱骗之后，3 月 3 日，伯希和进入了藏经洞。在藏经洞内，他用三周的时间，以每天约 1000 卷的速度，翻检了所有文书，挑选了精华文书数千件，以白银 500 两换得 6000 余卷汉文写本和不少古藏文写本、200 多幅纸绢画、20 余件木雕及大批绢

伯希和在莫高窟藏经洞挑选经卷

幡和丝织品。由于伯希和通晓汉文，他获取了藏经洞中学术价值最高的经卷写本，以及绢本、纸本绘画。这些文物被运至法国，现藏于法国国家图书馆和吉美亚洲艺术博物馆。

1912 年，日本人大谷探险队成员橘瑞超、吉川小一郎来到敦煌，在莫高窟停留了八周，对敦煌石窟进行了调查和拍照，并用 350 两白银从王道士处骗买写本数百卷，还将两身精美塑像装入行囊带走。这批文物被带到日本大谷光瑞的别墅二乐庄，后来散藏于京都龙谷大学图书馆、东京国立博物馆、韩国汉城国立中央图书馆、中国旅顺历史文化博物馆。

华尔纳盗走的莫高窟第 328 窟供养菩萨像

1914 年至 1915 年，俄国人鄂登堡来到敦煌，他在莫高窟进行了测绘、记录，拍摄了 3000 余张照片，又从王道士私藏的文献中骗取了部分经卷，一共有 1.8 万余卷写本和百余幅绢画，还剥离、窃取了第 263 窟等洞窟的十余幅壁画和十余尊塑像。这批文物被运至俄国，收藏于俄罗斯科学院东方学研究所圣彼得堡分所和圣彼得堡艾尔米塔什博物馆。

1924 年，美国人华尔纳来到莫高窟。此时藏经洞内的精品文书和绢画已经被洗劫一空，于是他想

华尔纳粘走的莫高窟第 323 窟壁画

到了窃取洞窟中的壁画和塑像，用 70 两白银买通王圆箓后，用特殊的化学溶液，将壁画和洞窟壁面分离，粘剥了 12 幅壁画，带走了莫高窟第 328 窟的一尊唐代菩萨彩塑和第 257 窟的一尊北魏彩塑。1925 年，华尔纳再次来到敦煌粘剥壁画，被敦煌民众发现，遭到敦煌民众的反对，于是悄悄溜走。从此，敦煌的大门对帝国主义文化强盗正式关闭了，这是正在觉醒的中国人民抗争的结果。

清政府的觉醒

令人痛心的是，当斯坦因把珍贵的敦煌文物掠夺至国外时，清朝官员这才懂得了这些文物的重要价值。但他们考虑的不是如何保护，而是千方百计地据为己有。

1909 年 5 月，伯希和将敦煌文物运到法国后，又来到北京，并将少量的敦煌经卷展示给中国学者。罗振玉、蒋伯斧、王仁俊等学者看到这些出自中国敦煌藏经洞的经卷后大为震惊。直到这时中国学者才知道敦煌藏经洞被发现之事，并且大量敦煌文物已流失国外，这让他们非常痛心。他们立即上书清朝学部，请求清政府采取措施，抢救和保护劫余的敦煌文物。

1910 年，清政府终于作出决定，将剩余的敦煌文物运往北京保存。可悲的是，狡黠愚蠢的王圆箓隐匿大量经卷文物，而运送途中 6 车敦煌文物又被沿途官僚“雁过拔毛”，将其中许多精品据为己有，更是将较长的卷子一拆为二来充数。运抵北京移交京师图书馆时，这批经卷文物只剩了 18 箱，8000 多件，仅是藏经洞出土文献的五分之一，且大多已成残页断篇。

敦煌藏经洞发现之时，正是清王朝风雨飘摇之际，国人在文化观念上缺乏认知，经济实力上捉襟见肘，致使敦煌文物惨遭轮番掠夺。客观地讲，王圆箓到达莫高窟时，莫高窟处于无人管理的状态，是他四处募捐筹集资金，清理积沙。从某种意义上说，王圆箓是“看护莫高窟的第一人”。王圆箓募捐及贱卖敦煌文物所得钱财均用在作“功德”上，修缮了部分洞窟和塑像。

敦煌藏经洞的发现，让 6 万余件从晋朝到宋朝的写本、刻本及各类文物，在封藏近千年后重见天日，这是人类近代文化史上的一次重大发现，被称为 20 世纪中国四大考古发现之一。敦煌藏经洞文物被列强骗取掠夺，大量流散到世界各地，立即引起了世界各国的关注和学术界的重视，掀起了东西方学者竞相整理和研究敦煌文献的热潮，开始形成了一门新兴学问——敦煌学。

敦煌文化遗产的保护与传承

敦煌石窟的保护大体可分为三个阶段：敦煌艺术研究所时期（1944—1949 年），敦煌文物研究所时期（1950—1984 年），敦煌研究院时期（1984 年至今）。

敦煌艺术研究所时期（1944—1949 年）

1944 年 1 月 1 日，经国民政府批准，国立敦煌艺术研究所（敦煌研究院的前身）正式成立，隶属于教育部，常书鸿担任所长。

以常书鸿为代表的一批有志青年满怀着激情和对敦煌艺术的热爱，毅然放弃了大城市优厚的待遇和便利的生活条件，来到西部边陲的敦煌，在莫高窟开创了敦煌石窟保护和研究事业。他们在工作条件十分艰苦、生活条件极其简陋的环境下，克服困难，以饱满的热情，积极投身于敦煌的保护和文化艺术事业。

敦煌艺术研究所成立之初仅有员工十余人。面对破败不堪的敦煌石窟，他们对石窟做了一次全面的清理、调查和编号，同时，也探索

敦煌艺术研究所部分职工

敦煌艺术研究所围绕莫高窟修筑的围墙

性地开展了一些力所能及的保护工作，比如清理了300多个洞窟的积沙，拆除了窟内搭建的全部土炕土灶，修建了长1000多米的围墙及洞窟间的临时栈道等，有效防止了人为破坏和盗窃。但当时受人力、财力所限，保护工作基本上只能起到一定的看守作用。

敦煌的守护神——常书鸿

常书鸿

常书鸿，1904年出生于浙江杭州，年轻时期，赴法国留学，学习油画。常书鸿在法国学习期间非常勤奋刻苦，后来考上了里昂中法大学的公费生，毕业后又取得了里昂市公费奖学金，并转到巴黎高等美术学校继续深造。常书鸿在绘画领域取得了优异的成绩，其许多画作被法国国家博物馆收藏。后来，与敦煌的一次偶然相遇，改变了他的一生。

1935年的冬天，常书鸿在巴黎塞纳河畔散步，路过一个个旧书摊，他不经意间走向一个售卖美术作品的书摊，翻看一些美术作品。他看到一部由法国人伯希和编著的《敦煌石窟图录》。全书共分六册，是伯希和在敦煌拍摄的关于敦煌石窟和塑像的照片集。翻阅后，常书鸿十分惊奇，原来中国还有这样一座伟大的艺术宝库。他被书中的中

常书鸿临摹的莫高窟第 217 窟山水画

国古代绘画、造像艺术所吸引，备受震撼。原来在中国敦煌，先辈们早就创作了如此灿烂辉煌的艺术。为了敦煌艺术，他放弃了优越的生活条件和工作环境，毅然回到了祖国。

1943 年 3 月 27 日，经过几个月艰苦的长途跋涉，常书鸿终于到达了盼望已久的敦煌莫高窟。在莫高窟，他心旷神怡，犹如步入仙境，心情非常激动。经过近一年的筹备，1944 年 1 月 1 日，国立敦煌艺术研究所正式成立。

常书鸿带着妻子儿女来到敦煌后，他们又面临着重重困难。敦煌地区气候干旱，风沙呼啸，荒凉寂寞，发展落后，生活条件非常艰苦，无房无电，无生活用水，无交通工具，缺吃少穿，经济拮据，孩子没有学上，基本生活无法得到保障，与法国的条件相比简直是天壤之别。这成为常书鸿、妻子、儿女必须面对的困难。但是，这一切并没有把常书鸿吓倒。他深深地被敦煌艺术所吸引，克服种种困难坚守在莫高窟。

在常书鸿带领下，第一代莫高窟人执着坚守，筚路蓝缕、含辛茹苦地做着各种开创性工作，为敦煌石窟保护与研究事业的继续发展奠定了坚实的基础。

敦煌文物研究所时期（1950—1984 年）

1950 年，国立敦煌艺术研究所改组为敦煌文物研究所，开始了对敦煌石窟文物更有效的保护。在国家的高度重视下，国家文化和文物相关部门先后多次派考古、古建筑保护以及工程地质等方面的专家团奔赴敦煌考察，在他们的指导和帮助下，敦煌文物研究所陆续开展了清理洞窟积沙、崖体抢险加固、栈道改造、整修残损塑像和历史建筑、壁画修复等工作。

这一时期，敦煌文物研究所首次对敦煌石窟进行了大规模的抢救性保护，扶正倾倒的塑像，加固濒临脱落的壁画，修复起甲和酥碱的壁画。20 世纪六七十年代，在周恩来总理的关心下，国家拨巨款支持莫高窟的保护，敦煌文物研究所实施了莫高窟保护史上最重要的工程之一——莫高窟崖体加固工程。这项工程不仅解决了洞窟崖体的稳定性问题，而

崖体加固

加固后莫高窟南区崖面

且让洞窟在材质、感官上与崖体的岩石结构、形貌保持一致。

这一阶段，莫高窟的保护工作已经初显成效，具有一定保护理念和较强动手能力的专业队伍正在形成。正是这支队伍，抢救了大量行将剥落的壁画，开展了清洗烟熏壁画、搬迁重层壁画的探索与实践。

敦煌艺术大师——段文杰

段文杰

段文杰，1917 年出生于四川绵阳。1945 年毕业于重庆国立艺术专科学校国画系，1946 年来到莫高窟。从此扎根大漠，潜心于敦煌壁画的临摹和敦煌文化遗产的保护、研究和弘扬事业。

1982 年，段文杰先生任敦煌文物研究所所长，1984 年任敦煌研究院院长，成为继常书鸿之后的第二任院长。段院长高瞻远瞩，以其过人的魄力，开创了敦煌事业的新局面。

画家出身的段文杰，带领团队临摹了大量敦煌壁画，并且研究传统壁画艺术，在线描技法上达到了很高的水平。他临摹的莫高窟第 130 窟、第 158 窟等壁画，充分展现了唐代绘画的高超技艺和内在精神。段文杰先生在临摹实践的基础上还致力于敦煌艺术研究，从美术史和美学的视角探讨敦煌艺术的风格、技法等，从宏观的角度把握敦煌艺术的时代发展脉络，为打开敦煌石窟的奥秘提供了一把钥匙。

段文杰临摹的莫高窟第 130 窟都督夫人礼佛图

1984年，敦煌研究院通过开展国际合作，将国际上的科学保护理念、先进分析检测技术、科学保护程序引入敦煌石窟的保护中。通过长期与美国盖蒂保护研究所、东京文化财研究所等机构合作，共同开展石窟环境监测、风沙防治、病害壁画机理研究、保护修复技术研发等方面的研究与探索。

20世纪80年代初，曾有学者说："敦煌虽然在中国，但敦煌学在国外。"段文杰听到这样的说法，非常难受。作为一个中国学者，段文杰认为自己有责任尽一切力量推动敦煌学的研究。

1983年，他倡导、创办了国内最早的敦煌学研究刊物《敦煌研究》。他还带领全院研究人员编著《中国石窟·敦煌莫高窟》（5卷）、《敦煌研究论文集》等系列图书，召开敦煌学国际学术研讨会，推动敦煌学研究在国内外的学术交流。

段文杰先生特别重视人才的培养。在他主持敦煌研究院工作期间，在全国招聘了十多位研究人员，为敦煌事业的发展补充了新鲜血液，同时加大人才培养力度，选派年轻人到国内外院校和科研机构学习深造或交流。20世纪80年代初，段文杰将《中国石窟·敦煌莫高窟》（5卷）的5万元稿酬全部用于年轻人的培养上，不论经费多么紧张，对人才的培养从来没有中断过。

敦煌研究院时期（1984年至今）

1984年，敦煌文物研究所扩建为敦煌研究院，段文杰、樊锦诗先后担任敦煌研究院院长。之后，王旭东、赵声良、苏伯民院长将敦煌石窟保护、研究、弘扬事业继续向前推进。

自改革开放以来，敦煌研究院采取了送出去和引进来的方法，与国内外高校和科研机构合作，引进和学习先进的理念和技术，改善基础设施，改变了以往艰苦和闭塞的状态。1987 年，敦煌莫高窟被联合国教科文组织列入世界文化遗产名录。

莫高窟的旅游开发和石窟管理也成为一大重任。在历任领导的带领和全院职工的共同努力下，敦煌的石窟保护和管理也随之规范起来。2003 年制定并实施的《甘肃敦煌莫高窟保护条例》，让敦煌石窟的保护实现了有法可依，对敦煌石窟的保护和修复采取了科学的措施和技术;结合当代科学技术，采用数字技术保护敦煌石窟文物信息;建立了国内首个以物联网为基础的莫高窟监测预警体系。

在石窟艺术方面，完成了数十个原大洞窟的临摹，并进行了临摹复原研究。在敦煌学研究方面，进行了关于敦煌石窟内容的深入解读，对各时期的洞窟特征进行了探究，出版了专题性研究成果及敦煌石窟考古报告。对敦煌文献也进行了系统的整理和研究，出版了大量研究资料和成果，扩展了敦煌社会、民俗、大族、民族、宗教、文化交流等研究领域，注重挖掘敦煌文化的丰富内涵，揭示敦煌文化的价值。

敦煌的女儿——樊锦诗

樊锦诗，祖籍浙江杭州，1938 年出生于北京，后随父母南迁至上海。1958 年，樊锦诗考入北京大学历史系考古专业。1962 年，樊锦诗大学毕业，怀着多年来对敦煌的向往，来到敦煌莫高窟工作。

莫高窟的生活条件在当时还是很艰苦的。对一个自小在大城市长大的人来说，在这里生活工作是一个很大的挑战。初到敦煌的樊锦诗，

樊锦诗

喝着苦涩的碱水，吃着土豆、萝卜、白菜“老三片”，住着冬夜里能把人冻醒、老鼠乱窜的屋子，可是她没有被眼前的困难吓住，在克服了严重的水土不服等问题后，继续坚守在莫高窟。她与在武汉大学任教的丈夫彭金章分居数十年，在莫高窟一待就是半个多世纪。1998 年，樊锦诗担任敦煌研究院第三任院长，带领全院职工将敦煌石窟的保护、研究、弘扬事业做得更高、更大、更远。

樊锦诗上任之后，面临了很多新问题。随着莫高窟的开放，游客数量迅速上升，给洞窟内的环境带来了很大变化，温度、湿度增加，二氧化碳急剧增加，洞窟壁画和塑像受到了严重威胁。如何解决敦煌石窟的保护与旅游参观之间的矛盾，成为困扰樊院长的难题。

从 20 世纪 90 年代开始，敦煌研究院在国内文博界率先开展文物数字化保护工作。经过多年探索和研究，形成了一整套先进的数字影像拍摄、色彩校正、数字图片拼接和存贮等敦煌壁画数字化保存技术，建立了全部敦煌石窟数字影像档案。在全国开创文物数字化先河，实现“数字敦煌”资源库的全球共享。2016 年 5 月 1 日，“数字敦煌”资源库正式上线，向全球免费共享 30 个精品洞窟的高清数字化图像及全景漫游。人类文明的宝库——敦煌石窟，在科技的加持下，真正实现

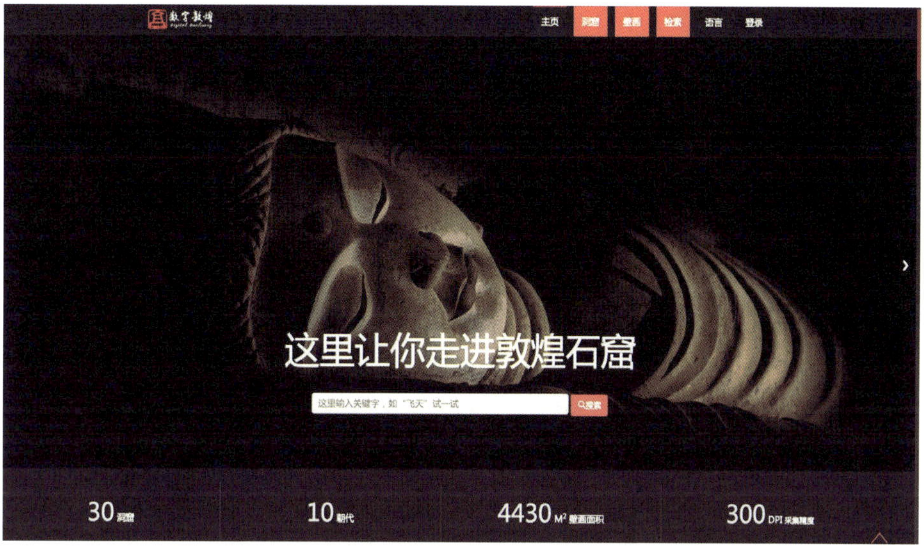
主页
洞窟
壁画
检索
语言
登录
这里让你走进敦煌石窟
这里输入关键字，如“飞天”试一试
搜索
30 洞窟
10 朝代
4430 M^2 壁画面积
300 DPI 采集精度

数字敦煌

出口

球幕电影

了“永生”。截至2021年，敦煌研究院共完成敦煌石窟268个洞窟的数字化采集，171个洞窟的图像处理，142个洞窟的全景漫游制作。

从百废待兴、抢救文物到面向世界、科学保护，从制定法规、精心管理到探索“数字敦煌”、永久保存敦煌瑰宝，敦煌研究院在为使国宝重现光芒的道路上勇于担当，探索奋进，成为我国文化遗产保护领域的生力军。

敦煌周边的文化遗迹

敦煌地处河西走廊最西端，是古代丝绸之路的咽喉之地。悠久的历史和中西经济文化交流，铸就了敦煌丰富的文化内涵。这里不仅有举世闻名的敦煌莫高窟，周边还有榆林窟、西千佛洞、东千佛洞、玉门关、阳关、悬泉置、锁阳城等历史遗迹。

莫高窟

莫高窟，俗称千佛洞，位于敦煌市东南约 25 千米处鸣沙山的崖壁上。洞窟坐西向东，南北绵延近 1680 米。

莫高窟有洞窟 735 个，分为南区和北区石窟。南区洞窟 487 个，主要是信众礼佛供养的洞窟。北区洞窟 248 个，是僧人及信众生活的地方。莫高窟现存壁画 4.5 万多平方米，彩塑 2400 余身，是世界上现存规模最大、内容最丰富的佛教艺术圣地。

莫高窟最初开凿于公元 366 年，一位叫乐僔的高僧在此修建了第一座洞窟——用来修禅的禅窟。不久，一位叫法良的禅师，在此附近修建了第二个洞窟。由于自然和人为的破坏，乐僔和法良禅师开凿的洞窟已不可考，或许已不存在。自此以后，洞窟修建延续不断，佛教僧侣、达官贵人、商贾百姓、善男信女都来这里捐资开窟，经历了北凉、北魏、西魏、北周、隋朝、唐朝、宋朝、西夏、元朝等时期，从 4 世纪至 14 世纪长达 1000 多年的时间里，莫高窟崖面已经布满了洞窟。

莫高窟是集建筑、彩塑、壁画于一体的综合石窟艺术。这三个部

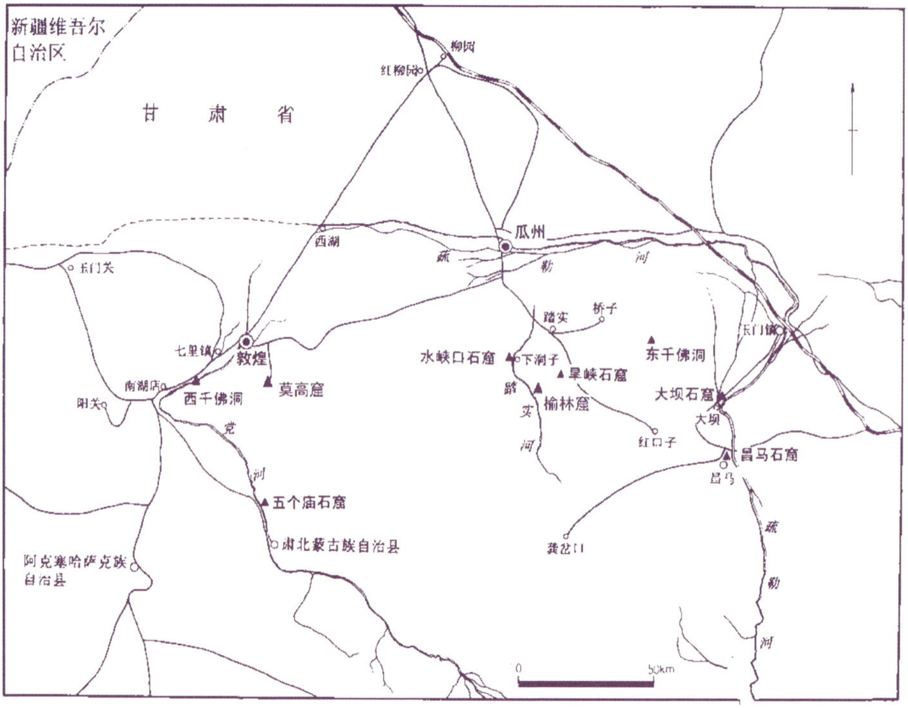

敦煌石窟分布示意图

莫高窟崖面

莫高窟第 328 窟彩塑

分互相辉映，相得益彰，共同构成了完整的敦煌石窟艺术。

1961 年，莫高窟被国务院公布为第一批全国重点文物保护单位。1987 年，莫高窟被世界教科文组织列为世界文化遗产。

莫高窟的窟形主要有禅窟、中心塔柱窟、覆斗顶窟、殿堂窟、大像窟、涅槃窟等。北区石窟还有僧房窟、廪窟、影窟和瘗窟等窟形。每个时期流行不同的石窟形制，反映了古代艺术家在接受外来文化艺术的同时，与中国传统文化交融的过程。

彩塑是石窟艺术的主体，一般都会放置在洞窟内比较显著的位置。

阿弥陀经变　莫高窟第 220 窟南壁

十六国和北朝前期的彩塑，人物面相丰润，造型雄健厚重，肩宽胸平，姿态端庄朴拙，神情宁静含蓄。此时的彩塑艺术风格受西域佛教艺术的影响较大。西魏时期的彩塑表现出“秀骨清像”的艺术风格，此时的人物身材修长，面容清瘦，褒衣博带，身体扁平。北周的塑像人体比例为头大、身长、腿短，呈现出全新的风格，人物面相方圆而丰满。隋代的彩塑处于东西融合、变革发展的进程中，具有包前孕后、承上启下的过渡时期风格。唐代塑像一方面继续保持高大雄伟的气度，一方面则是造型优美，比例适中。五代、宋初时期的彩塑，延续了唐代时期彩塑的风格，丰盈华丽，形体较大，虽然超过了唐代时期彩塑的尺度，但造像的优美、生动却远远不及唐代彩塑。西夏及元代时期的彩塑几乎没有保存下来。

壁画是敦煌石窟艺术的重要组成部分，是内容最为丰富、数量最多、时代最久的石窟艺术内容。壁画布满整个洞窟墙壁，内容大体可分为七类。

尊像画：指描绘佛教崇拜的各种神像，有佛、菩萨、弟子、天王、飞天等。

故事画：题材包括佛传故事（表现释迦牟尼生平的故事）、本生故事（表现释迦牟尼前生为救度众生的种种善行故事）、因缘故事（释迦牟尼成佛后说法度化众生的故事）。

佛教史迹画：表现佛教东传过程中的传说故事，包括各地的佛迹灵验等神奇故事。

传统神话人物画：主要描绘中国古代传说中的神仙形象，如东王公、西王母、伏羲、女娲、风神、雷神、电神、雨神等。

装饰图案画:用于装饰洞窟建筑、佛龛、彩塑和分割不同壁画的图案纹样。

经变画:指概括地表现一部佛经主要内容的画，即把抽象的“经”变为形象的“画”，是我国佛教艺术的独创形式。情节较多、规模较大。据统计，莫高窟壁画中的经变画总计有30多种1000多幅。经变画在莫高窟始于隋代，盛于唐代，五代以后承其余绪。

供养人像:指开窟造像的功德主及其眷属的礼佛画像。

敦煌石窟艺术多以佛教经典为依据，但对佛国世界的创造则与现实生活有着密切关系，佛国世界是现实世界的反射。历经一千年创造的敦煌石窟艺术，表现了一千年的古代社会生活，展示了一千年内涵丰富的文化。所以敦煌石窟不仅是辉煌灿烂的艺术宝库，也是极其珍贵的文化宝库。

榆林窟

榆林窟，又名万佛峡，被称为莫高窟的“姊妹窟”，位于瓜州县西南约 70 千米的榆林河河谷之中，向西距离莫高窟约 100 千米。

榆林窟现存洞窟 42 个，分布于河谷的东崖和西崖，东崖洞窟 31 个，西崖洞窟 11 个。洞窟时代主要集中于唐代、五代、宋等时期。其中唐代洞窟 4 个，五代洞窟 8 个，宋代洞窟 13 个，回鹘洞窟 1 个，西夏洞窟 4 个，元代洞窟 3 个，清代洞窟 9 个。

榆林窟外景

榆林窟现存壁画 5200 平方米，彩塑 200 多身。由于榆林窟的洞窟形制、造像内容和风格与莫高窟比较相似，被称为莫高窟的姊妹窟。1961 年，榆林窟被国务院列为第一批全国重点文物保护单位。

榆林窟时代最早的洞窟建造于唐朝前期，唐代榆林窟主要代表窟有第 6、17、25、28 窟等。

第 6 窟

第 6 窟位于东崖，营建于唐代，五代、北宋、西夏、元代、清代、民国时期重修。窟形平面为椭圆形，穹隆顶。洞窟前部下层有后代建造的窟檐，上层是比较大的明窗。甬道连接洞窟主室和前室。

此窟高 25.5 米，宽 18.5 米，进深 7.3 米，窟内壁画除甬道和上层明窗券顶保存部分唐代原作之外，其余为后代重绘。主室窟顶及侧面壁画大部分残损，存有垂幔及飞天。窟内主尊佛为弥勒佛，像高 24.5 米，呈倚坐姿态，左手抚膝，右手作说法印。弥勒大像于唐代时期修造，经清代重新修复和彩绘。弥勒佛背光经宋代和西夏初绘，清代重绘。大佛前面上层的明窗可以使光线透进来，照到大佛身上，使得窟内流光溢彩、金碧辉煌。大佛前部有民国初期建造的佛坛，上面塑有布袋和尚像。南壁为民国初期塑像普贤菩萨及一头小象，壁画为宋代千佛，部分为后代补绘。北壁是民国初期塑像文殊菩萨及一头蹲狮，壁画为五代千佛，部分为后代补绘。西壁门上、门南为宋代千佛，门北为五代千佛，后代补绘。甬道和前室壁画多为宋代和五代绘制，西夏、元代重绘。

第 6 窟是大像窟，窟内造像倚坐弥勒大佛为榆林窟唯一的大佛，是榆林窟第一大窟，与莫高窟第 96 窟北大像和第 130 窟南大像交相辉映。

大佛像　榆林窟第 6 窟

第25窟

第25窟位于榆林窟东崖的上层，建造于中唐（吐蕃）时期，五代、宋代、清代重修。前室平面为方形，一面斜坡，有较长的甬道通向崖面外边的栈道。甬道南北两侧各有一个侧室。主室为方形覆斗顶窟，洞窟中心设有佛坛，佛坛上有清代重修的结跏趺坐佛像一铺。窟顶和东壁壁画残损，不过大部分壁画为原作，保存较好。窟顶东西南披下残存唐代千佛，东壁绘卢舍那佛并八大菩萨曼荼罗一铺，东壁南侧壁面残损，北侧绘药师佛一铺。南壁绘观无量寿经变，南壁东侧绘大势至菩萨，西侧绘观音菩萨，下部绘男供养人六身。北壁绘弥勒经变，经变东西两侧绘菩萨立像，下部绘女供养人四身。西壁门的南北两侧分别绘普贤变及男供养人像、文殊变及女供养人像。

第25窟是榆林窟唐代壁画保存最完整、艺术水平最高的洞窟之一。南壁的观无量寿经变保存完好，经变的中央是西方净土世界。在富丽堂皇的宫殿前，阿弥陀佛正在说法，周围有众菩萨听法，以华丽的宫殿楼阁表现佛国世界，也反映了豪华的盛唐宫殿景象。在中央说法图的下部是乐舞图，两边乐伎吹奏弹拨各种乐器，有贝、筚篥、笙、琵琶、尺八、横笛、排箫、拍板等乐器。乐舞图的中间，舞伎挥动着飘带翩翩起舞，上身微微前倾，腰部挂着腰鼓，双臂展开，正在作拍击腰鼓的动作，右脚站立，左脚呈吸腿之态，左脚拇指上翘，带动着身上披着的长飘带，表现出优美飘逸的舞姿。舞伎的左侧还有一身迦陵频伽乐伎在拨动五弦琴为舞伎伴奏。迦陵频伽是一种神鸟，为人头鸟身形象，其声音美妙动听，婉转如歌，所以又名美音鸟或妙音鸟。在宫殿的东侧廊庑和西侧廊庑前各有鹤和迦陵频伽组合，迦陵频伽手

观无量寿经变　榆林窟第 25 窟

持乐器进行排箫和凤首箜篌的演奏。

净土世界的左右两边以条幅形式分别绘十六观和未生怨故事画。未生怨故事描述了频婆娑罗王因求子心切，与未来儿子结下恩怨的故事。古印度摩揭陀国国王频婆娑罗因老年无子，于是找相师占卜，说山中有一个道人死后会转世为他的儿子。国王求子心切，于是杀死了道人，后来王后韦提希夫人怀孕，生下了太子阿阇世。太子长大后，发动政变，将父亲囚禁起来，断绝父亲的食物。母亲韦提希夫人去看望国王时，趁机将食物带给国王。儿子知道后，将母亲也囚禁起来。韦提希夫人非常伤心，佛祖告诉她，在阿阇世没有转世之前，他们就结下了冤孽，要想摆脱这种痛苦，韦提希夫人就要一心静观，去除杂念，通过十六观，才能解脱，到达西方极乐世界。

北壁的弥勒经变，描绘了弥勒世界的景象，表现了生动的社会生活画面。画面主体为弥勒三会，弥勒佛居于中间说法，菩萨、天王、力士伴随，是为一会，左右下侧为弥勒说法的二会、三会，三会呈品字形构图。在经变画中表现了弥勒世界的生动生活场景，如一种七收、树上生衣、路不拾遗、婚嫁等。这些生活场景也反映了中唐时期敦煌民众的生活情况，具有重要的研究价值。如一种七收图，画面中有二牛抬杠耕地、播种收割、打场扬场、粮食入仓等场面，非常生动，反映了中唐时期的农业生产情形。

此窟弥勒经变中有藏文题记，可见此洞窟修建于吐蕃统治时期（中唐时期）。此窟的壁画绘制细腻，色彩绚丽，是中唐时期敦煌壁画的经典之作。

弥勒经变一种七收图　榆林窟第 25 窟北壁

五代、北宋时期，榆林窟由曹氏归义军管辖，之后，又经历了西夏、元朝时期。第 2、3、4、12、16、32、33、35 窟是这一时期的代表窟。这个时期的洞窟有前后室，主室为方形覆斗顶窟，中心设方形佛坛，佛坛上有成组的彩塑。

第 2 窟

第 2 窟位于榆林窟东崖的下层北侧，建造于西夏时期，元代、清代重修。洞窟平面呈方形。窟顶为覆斗顶，窟顶为盘龙藻井，四披为璎珞垂幔和千佛。中心设有佛坛，佛坛上存清代塑像文殊菩萨及侍从七身。

主室东壁中央绘文殊变一铺，上部是涅槃图，南北两侧各绘一铺

水月观音　榆林窟第 2 窟西壁门南侧

说法图。南壁、北壁各绘三铺说法图。西壁的窟门南北两侧各绘一铺水月观音，下部是西夏供养人像。

本窟最为引人注目的是西壁门南北两侧的水月观音图。西壁门南侧，在透明巨大的身光圆轮中，有一位头戴宝冠、项饰瓔珞、臂戴臂钏、身穿长裙的观音菩萨。观音坐在岩石上，左腿盘坐，右腿屈起，右臂搭在屈起的膝盖上，手里轻拈串珠，左手臂支撑在水边的岩石上，一副若有所思的样子。菩萨右侧的岩石上摆放着花盘和插着柳枝的净瓶，菩萨身后怪石嶙峋，石缝中长出竹子。空中飘着彩云，灵鸟双飞。

西壁门北侧的水月观音图与门南侧的水月观音图相似，但是细节处有所不同。透明的身光圆轮中，观音菩萨身披绿色大巾，下穿朱蓝二色裙。由于壁画颜料氧化，朱色变为黑色。观音菩萨微斜倚坐在岩石上，左手臂搭在左膝上，右手臂弯曲至胸前，头微微抬起，神情自若地仰望空中的一弯月牙。观音菩萨左侧的岩石上摆放着花盘和插着柳枝的净瓶，身后灵石矗立，石缝中长出竹子，周围空中彩云飘动，一弯新月高悬于天空。菩萨前方的岩石下面是潺潺碧水，碧水之上有一位童子乘云而来，双手合十礼拜观音菩萨。

在水月观音对面的岩石岸边，还有唐僧取经图。一位年轻的僧人，即唐僧玄奘，身披袈裟，双手合十高举于头前，虔诚地遥拜观音菩萨。僧人后面是一位猴面人身的行者，头戴金箍，披散头发，身穿窄袖衫、束腿裤，左手牵马，右手举至额前，遥望观音菩萨。另外，在榆林窟第 3 窟普贤变和东千佛洞第 2 窟中，也有唐僧取经图。可见，在明代吴承恩的《西游记》成书之前，唐僧取经故事就流传深远，早已绘制于西夏时期的洞窟壁画中。

水月观音　榆林窟第 2 窟西壁门北侧

水月观音为唐代画家周昉所创，诗人白居易赞其:“净渌水上，虚白光中。一睹其相，万缘皆空。”水月观音图把佛教中的菩萨放在山水树木背景之中，并且以月光来衬托美妙的意境。此窟两铺水月观音图是西夏时期洞窟壁画的经典之作。

西千佛洞

西千佛洞，位于敦煌市西约35千米党河北岸的断崖上，因其位于莫高窟之西，故名西千佛洞。西千佛洞东起南湖店，西至党河水库。洞窟全长2.5千米，共有22窟，现存北魏洞窟2个、西魏洞窟1个、北周洞窟4个、隋代洞窟3个、唐代洞窟6个、五代洞窟2个、沙州回鹘洞窟1个、西夏和元代洞窟1个、时代不明洞窟1个，并且第6窟现已不存。现存彩塑34身，壁画800余平方米。

西千佛洞开凿的确切年代不详，应该早于莫高窟。现存洞窟中，最早的洞窟为北魏窟。洞窟形制主要有中心塔柱窟、覆斗顶窟、平顶方形窟、敞口竖长方形大龛等4种类型。西千佛洞洞窟形制与莫高窟同期洞窟基本相同，石窟的结构、彩塑、壁画艺术风格等与莫高窟相近，因而也成为敦煌石窟艺术的重要组成部分。

1961年，西千佛洞附属于莫高窟被国务院列为第一批全国重点文物保护单位。

西千佛洞窟外景

第 7 窟

第 7 窟始建于北魏，西魏、清代时期重修，是西千佛洞现存最早的石窟。洞窟平面呈方形，窟顶前部为人字披顶，后部为平棊顶，窟内有中心塔柱，四面开圆券龛，龛内塑有佛像。塔柱南向面龛内的一身倚坐佛已经残损，为北魏原作，其他面为清代重修。北魏佛像身姿挺拔，双肩浑圆，袈裟贴体，透出身体的轮廓，又显得宽松，衣纹呈阶梯式，流畅自如，兼具西域和中原风格，是曹衣出水向秀骨清像、褒衣博带的过渡。窟内北、东、西三面壁上层绘天宫伎乐，中部绘千佛，下部绘金刚、力士。天宫多为西域样式，大面积的千佛有规律地排列，人物造型采用西域凹凸晕染法，面部轮廓及眼眶用朱色作圈晕染，眼睛和鼻梁用白色涂抹。因为年久日深，朱色氧化变黑，不少人物面部变成了现在的小字脸形象。

第11窟

第11窟建造于北周时期，隋、唐、回鹘、民国时期重修。主室平面呈长方形。窟顶为横人字披顶，窟形类似游牧民族的圆帐。

洞窟北壁开一圆券龛，龛内佛像在民国时期重修。龛内有两层壁画，表层为唐代壁画，底层为北周壁画。龛外东西两侧上部绘千佛，下部绘隋代男供养人像。东壁、西壁、南壁上部绘千佛，下部为隋代男女供养人像。

此窟窟形具有游牧民族的帐形特色，这是敦煌石窟中的孤例。同时，此窟是西千佛洞隋代石窟中仅存的两个洞窟之一。

第12窟

第12窟建造于北周时期，经隋、唐、回鹘、民国时期重修。洞窟平面呈方形，中心有中心塔柱，中心塔柱南向面开一个佛龛，内存民国时期所塑坐佛一身，龛内存北周时期火焰纹背光和回鹘时期重绘的龛梁。

中心塔柱前部的洞窟东西壁各有一个佛床，床上本来塑有一佛二菩萨，现在仅存东壁佛床上的一身立佛和西壁佛床上立佛的脚部和一身胁侍菩萨的下身。立佛为北周原作，佛头部肉髻低平，面部圆阔，头大肩宽，身体健硕，外穿红色袈裟，跣足。中心塔柱正面龛内的坐佛与东西两壁前部的立佛，首开敦煌隋唐时期三佛造像之例。

窟顶前部为人字披顶，绘水纹、莲花、禽鸟等图案，后部绘莲花忍冬纹平棋顶。洞窟北壁绘回鹘时期的坐佛七身;西壁上部绘说法图和千佛，下部为男女供养人像；东壁上部绘回鹘时期说法图一铺和唐代说法图一铺；南壁门上部绘说法图一铺；门东上部绘千佛，中部绘劳度叉斗圣变；门西上部绘千佛，中部绘睒子本生故事。劳度叉斗圣变和睒子本生故事两铺壁画左右对称，均以白粉为底，墨绘勾画。劳度叉斗圣变为北周时期创作，是目前所见最早的同类题材经变画。

南壁门东侧的劳度叉斗圣变讲述了佛弟子舍利弗和外道劳度叉斗法的故事。古印度舍卫国大臣须达以黄金铺地的代价购得祇陀太子的园地，建造精舍，请佛说法。但是外道仗着国王的权势加以反对，于是外道劳度叉和佛弟子舍利弗进行了斗法，劳度叉变成了宝山、宝池、毒龙、白牛、大树、魔女等，舍利弗以金刚击宝山，白象踏宝池，金翅鸟啄毒龙，狮王咬白牛，拔起大树，降服魔女，劳度叉投降。此处的劳度叉斗圣变，采用横卷连环画形式，分为上下两排，11 个画面，每个画面有文字榜题予以说明，画风古拙，具有汉画像石的风格。

与之对应，南壁门西侧的睒子本生，也是北周时期原作。名叫一切妙的菩萨看到迦夷国有一对善良的盲人夫妇没有子女，便转生投胎成了他们的儿子，名叫睒子。睒子心地善良，孝顺父母，奉行十善。睒子向父母诉说了想入山修行的心愿，得到了父母的赞同，于是全家一同进山修道。入山之后，睒子一家人食果饮泉，生活其乐融融。一天，迦夷国王进山射猎时误伤了披着鹿皮的睒子，睒子死前将其一家修行之事告知国王。国王后悔，并到睒子家通知他的父母，盲人父母来到溪边找到死去的睒子，抚尸恸哭。睒子孝行感动了天，天神使其复活，并使其父母复明。此处的画面也采用横卷连环画形式，分为上下两排描绘故事情节。

东千佛洞

东千佛洞，又名接引寺，位于瓜州县东南约90千米处峡谷两侧的崖面上，崖面南北长约200米。此处的崖面为玉门砾石结构，质地疏松，多为黄黏土夹白垩土土质。东千佛洞石窟现有洞窟23个，东崖14个，西崖9个。其中有编号的洞窟9个。

洞窟大约开凿于西夏时期，是一个藏传密宗内容居多的石窟群，后经西夏、元代、清代重修。9个有编号的洞窟中，西夏洞窟4个，元代洞窟1个，清代洞窟4个。东千佛洞保存了西夏、元代、清代及民国时期的石窟艺术遗存，与榆林窟西夏、元代洞窟内容和风格相似。虽然清代、民国时期洞窟艺术水平较差，但是东千佛洞对于研究近代民间宗教信仰仍有一定的价值。

1993年，东千佛洞被甘肃省人民政府列为第五批省级文物保护单位。1996年，东千佛洞被国务院列为第四批全国重点文物保护单位。

洞窟形制分为三类：一类是窟室平面呈长方形，然后正壁将其分为前后两部分，前部呈正方形，窟顶为覆斗顶或穹隆顶，后部平面呈横

东千佛洞外景

长方形，由正壁两侧向里凿成马蹄形甬道；另一类是平面呈正方形的平顶窟；第三类是平面呈椭圆形的穹隆顶窟。

第 2 窟

第 2 窟位于东千佛洞西崖，坐西朝东，营建于西夏时期，是东千佛洞规模最大、内容最为丰富的洞窟。

此窟平面呈长方形，前部为覆斗顶，藻井为曼荼罗图案，四披绘说法图，后部为平顶。洞窟前部西壁上有佛台，佛台上有三身跏趺坐佛像，肉身金色，着红色袈裟，为清代重修。南北壁也有佛台，每壁各有单跏坐菩萨一身和跏趺坐菩萨一身，系清代重修。

洞窟前部西壁两侧的南北甬道口上方各绘布袋和尚，南壁东侧绘八臂观音变，西侧绘药师变。北壁东侧绘八臂观音变，西侧绘净土变。洞窟后部南北两个甬道，皆绘水月观音一身。后部的西壁中央绘说法图，两侧各绘药师佛一身。此窟为汉藏风格融合的重要洞窟。

洞窟最为显著的图像是南北甬道壁画中的两幅水月观音和其中的唐僧取经图，这是西夏时期最流行的壁画题材之一。观音悠闲地坐在岩石之上凝视遐想，彩云环绕其身，身后是翠绿的竹叶。溪水从观音的石座前潺潺流过，远方的高空中挂着一轮明月。在流水的对岸，一

水月观音　东千佛洞第 2 窟北壁西侧

唐僧取经图　东千佛洞第 2 窟南壁西侧

唐僧取经图　东千佛洞第 2 窟北壁西侧

位僧人身披赭红袈裟，对着流水双手合十礼拜。僧人身后是猴行者，人身猴面，披发露齿，头戴金箍，腰间束带，脚穿麻鞋，一手牵马，一手举到额头眺望远方（在北壁的图像中，行者另一只手持金环锡杖）。空中有神灵乘云而来，神灵身着帝王装，头戴通天冠，脚穿云头履，手捧香炉，侧面有侍女持华盖，后有侍女持幡。整个画面和谐统一，色彩淡雅，线描严谨细致，堪称东千佛洞西夏壁画的经典。

五个庙石窟

五个庙石窟位于肃北县城西北约 20 千米处的党河北岸。石窟坐北朝南，因为主要有 5 个洞窟，俗称“五个庙”，故名“五个庙石窟”。现存有壁画的洞窟，西区 4 个，东区 2 个。

五个庙石窟最早开凿于北朝晚期。曹氏归义军时期到西夏时期，五个庙石窟进行了大规模的重修和重绘，现存壁画大多是西夏时期重绘。1983 年，五个庙石窟被甘肃省人民政府列为省级文物保护单位。2013 年，五个庙石窟被国务院列为第七批全国重点文物保护单位。

第 1 窟

第 1 窟建造于北周时期，西夏、元朝时期重修。洞窟平面为方形，窟形为中心塔柱窟，窟顶为平顶。中心塔柱东、南、西面各开一个圆券龛，龛内塑像为清代所塑，壁画为西夏时期绘制的一佛二菩萨。中心塔柱北向面为西夏立佛一身。洞窟东壁北起分别为曼荼罗、炽盛光佛、水月观音各一身。北壁中央绘涅槃变，东侧绘八臂观音，西侧绘

水月观音　五个庙石窟第 1 窟

十一面千手千眼观音。西壁北起分别为曼荼罗、弥勒经变、水月观音各一身。南壁门上绘菩萨一身，两侧各有一身供养人、一身高僧、一身侍童。门东侧为文殊变，门西侧为普贤变。

本窟最具特色的是两铺水月观音图。观音菩萨双手抱膝，坐在一块山石前面，身后有两只白鹿，一只悠闲地抬头张望，一只安静地吃草。周围是波光粼粼的流水，上方一弯新月挂在空中。

东壁中央是炽盛光佛经变，画面中间是炽盛光佛，手托金轮，结跏趺坐于莲座上。炽盛光佛两侧分为下中上三层构图，下层是九曜神星簇拥着炽盛光佛，中间层是二十八星宿神像，上层是黄道十二宫。

五个庙石窟中的塑像现基本已损毁，壁画则经过多次重修，在有些洞窟中可以看到二层或三层的重层壁画，现存的表层壁画大部分属于西夏至元时期。五个庙石窟壁画丰富了敦煌石窟艺术的内容，也是研究河西地区历史文化的宝贵资料。

在党河的东岸还有一个庙洞窟，现存 2 个洞窟，呈东西排列，原有甬道相连。东窟为僧房窟，没有塑像和壁画。西窟为礼拜窟，残存有壁画。根据考古学家和学者们研究，此窟建于唐朝，五代、宋朝、民国时期重修。礼拜窟，分为前室、甬道、主室。主室为覆斗顶洞窟，平面为方形。正壁（北壁）下方有须弥座，东西壁有佛床的痕迹。壁画为民国时期重绘。前室表层壁画为宋代所绘，顶部有团花、莲花图案，东壁有净土变，上部残存说法图。北壁与窟顶相接处画垂帐、垂铃等。门顶有说法图，门东也有说法图，门西及西壁壁画漫漶不清。北、东、西壁底层壁画是唐绘供养人像。

二十八星宿神像和黄道十二宫（局部） 五个庙石窟第 1 窟

玉门关

玉门关，俗称小方盘城，位于敦煌市西北约 90 千米处的戈壁滩上。玉门关地处河西走廊最西端，北依天山余脉马鬃山，南临阿尔金山，北有疏勒河经过，沿河附近水草充足，造就了玉门关独特的地理位置。据《汉书》记载，西汉武帝即位后反击匈奴，开拓边疆，开始经营河西，“列四郡，据两关”，“四郡”即酒泉郡、武威郡、张掖郡、敦煌郡，“两关”即玉门关和阳关。玉门关修建于西汉武帝元封年间（前 110—前 105 年），是中原与西域之间的重要关隘。据史籍记载，玉门关于唐代东迁至瓜州，五代宋初，又被东移至瓜州以东 200 千米的地方。西夏时期，玉门关从史籍中消失。

现存玉门关遗址呈方形，四周城垣保存完好，为黄胶土夯筑，开西北两门，东西长约 24 米，南北宽约 26.4 米，总面积 630 多平方米。城北坡下有一条东西走向的大车道，是历史上中原和西域诸国来往过乘及邮驿之路。现存城墙高约

10 米，宽 3~5 米，上有女墙，下有马道，城东南角有马道可以到达顶部。

玉门关遗址核心区以小方盘城为中心，呈东西向分布，东西长约 45 千米，南北宽约 0.5 千米。现遗存包括城址 2 座，烽燧 20 座，长城遗址 18 段。近代以来，小方盘城遗址出土了大量汉简，由简文中“酒泉玉门都尉”等字样可证明小方盘城就是玉门关都尉的治所。汉长城是汉代河西地区军事防御体系中重要的组成部分，也是西汉王朝构建整个北方防御工程的历史缩影。玉门关附近的长城基厚约 3 米，残

玉门关

高 2~3 米，顶宽约 1 米，由芦苇、红柳、砂砾、黏土等筑成。沿着长城每隔 5 千米左右就有一座烽燧，烽燧为方柱形，残高约 10 米，底宽 7~8 米。玉门关附近的长城是现存距离最长、保存最完整的汉长城。

玉门关是古代重要的军事关隘和丝路交通要道，常常成为诗人的抒怀之地。唐代王之涣《凉州词》："黄河远上白云间，一片孤城万仞山。羌笛何须怨杨柳，春风不度玉门关。"唐代胡曾《咏史诗·玉门关》："西戎不敢过天山，定远功成白马闲。半夜帐中停烛坐，唯思生入玉门关。"寄寓了诗人对于关隘、故乡的情结。

1988 年，玉门关被国务院列为第三批全国重点文物保护单位。2014 年，玉门关作为中国、哈萨克斯坦和吉尔吉斯斯坦三国联合申遗的"丝绸之路：长安 - 天山廊道路网"中的一处遗址点被列入世界文化遗产名录。

阳关

阳关位于敦煌市西南约 70 千米处阳关镇寿昌故城西 5 千米左右的流沙地带，这一带被称为古董滩。因它在玉门关之南，故名“阳关”。阳关和玉门关同为中原与西域交通的门户。

古董滩为一片新月状的沙丘地带，沙丘一般高 3~5 米，沙丘之间有古代耕地的遗迹，沙丘上散落着大量陶片、铜器残片、铁器残片、钱币等。1943 年，考古学家向达先生在这里考察时发现：

> 今南湖西北隅有地名古董滩，流沙壅塞，而版筑遗迹以及陶片遍地皆是，且时得古器物如玉器、陶片、古钱之属，其时代自汉以迄唐宋皆具。古董滩遗迹迤逦而北以迄于南湖北面龙首山俗名红山口下，南北可三四里，东西流沙湮没，广阔不甚可考。

1972 年，酒泉地区文物普查队对古董滩进行勘测，发现了大量版

阳关

筑墙基遗址，房屋排列整齐清晰，面积上万平方米，附近有连续宽厚的城堡垣基，证明这里就是阳关故址。

阳关也常常被古人写入诗中。如唐代诗人王维的《送元二使安西》:“渭城朝雨浥轻尘，客舍青青柳色新。劝君更尽一杯酒，西出阳关无故人。”写王维为即将前往安西都护府的朋友元二送行。

西汉时此地为阳关都尉治所，魏晋时期在此设置阳关县，北周时期阳关县废置，唐代设寿昌县。唐代时期，阳关已经被废弃。敦煌文献 P.3929《敦煌廿咏》中有一首《阳关戍》:“万里通西域，千秋尚有名。平沙迷旧路，眢井引前程。马色无人问，晨鸡吏不听。遥瞻废关下，昼夜复谁扃？”敦煌文献 P.5034《沙州地志》记载:“阳关，东西二十步，南北二十七步。右在(寿昌)县西十里，今见毁坏，基址见存。西通石城、于阗等南路。”可见唐时阳关已毁，仅存基址。

古代阳关向北至玉门关一线有 70 千米左右的长城相连，每隔一段距离即有烽燧墩台，阳关附近亦有十几座烽燧。古董滩北侧墩墩山顶上被向达先生称为“阳关耳目”的墩墩山烽燧最大，地势最高，保存比较完整。据学者考证，墩墩山烽燧为汉代建筑遗址，残高 4.7 米，南北长 8 米，东西长 7 米左右，它耸立在墩墩山上，远近百里尽收眼底，是阳关历史唯一的实物见证。

大方盘城

大方盘城，即汉代的昌安仓，是古代敦煌郡西部的一个军用仓库。在敦煌市西北约 90 千米的戈壁滩上。位于小方盘城（即玉门关）北 11 千米处，因它比小方盘城大，故名“大方盘城”。大方盘城北面是汉代长城遗址，南侧为丝绸之路古道。

大方盘城为夯土版筑，呈长方形，东西长约 132 米，南北宽约 17 米，残垣最高处 6.7 米。城内筑南北方向土墙两堵，把整个城隔成了三部分。南、北残壁上留有小洞，似为通风设备。每部分均开南门，外围东、西、北三面加筑两道围墙，第一道围墙断壁尚存。

1988 年，大方盘城被国务院列为第三批全国重点文物保护单位。

悬泉置

悬泉置遗址位于敦煌市和瓜州县交界处，距敦煌市约 64 千米，距瓜州县 56 千米左右，具体来说，位于安敦公路甜水井道班南侧约 1.5 千米处三危山前面的戈壁中。

悬泉置为汉晋时期设立在丝绸之路上的重要接待、中转驿站，因出土的汉简上书“悬泉置”三字而定名。悬泉置始建于汉武帝元鼎年间，即在敦煌设郡之后，前后历经整修和改建，延续了近 400 年。它在行政上受敦煌郡和效谷县两级政府管理，郡府负责监督管理重大事务，县府则侧重于供给后勤物资。

据学者研究，悬泉置是一座方形小城堡，门朝东，四周为高大的院墙，院墙长约 50 米，东北、西南各有角墩。悬泉置由坞、传舍、厩、仓组成。坞为正方形，面积 2300 平方米。传舍位于坞内，分为上、中、下三等。沿北坞墙的一组传舍，有 4 个院落，每个院落前都有长廊，中间是客堂，后边是寝室和洗手间。传舍是接待高级官吏、外国使者的住所。沿着西坞墙有一组一字形土质平房，是接待一般官

悬泉置

员的住所和驿站的办公场所。马厩位于南坞墙外。仓位于东坞墙外东南侧，为长方形大型土木建筑。

1987 年，敦煌市博物馆普查组首次发现悬泉置。甘肃省文物考古研究所于 1990—1992 年，对悬泉置进行了全面挖掘，发掘出 23000 余枚汉简和大量其他遗物，如生产工具、纺织品、皮毛、帛书、麻纸、粮食等，为研究悬泉置和中西交流提供了宝贵的实物资料。2001 年悬泉置被列为第五批全国重点文物保护单位。2014 年，悬泉置遗址作为中国、哈萨克斯坦和吉尔吉斯斯坦三国联合申遗的“丝绸之路:长安 - 天山廊道路网”中的一处遗址点被列入世界文化遗产名录。

锁阳城

锁阳城，原名苦峪城，为唐代瓜州治所所在地晋昌古城遗址，位于瓜州县城东南50余千米的戈壁滩上。锁阳城之名起源于清代民间，因城周围有诸多味美甘甜的锁阳，故被命名为“锁阳城”。

锁阳城在汉代是敦煌郡冥安县的治所。后历经战乱，明代闭关后遭废弃。可以说，锁阳城始建于汉代，兴于唐代，其他各代都不同程度地重修和利用过，目前形制保存了典型的唐代古城风格。

锁阳城分为外城和内城。锁阳城墙垣残迹依然清晰可见，为黄土夯筑而成。外城呈不规则长方形，城垣风蚀、倒塌严重，从北、西、东三面包围内城。外城北城墙长1340米，东城墙长530米，西城墙长1103米，南城墙倒塌，总面积约80万平方米，属于内城的外郭。内城保存较好，呈梯形，内城北城墙长570米，东城墙长510米，南城墙长460米，西城墙长490米，面积约27万平方米。城中一条南北走向的墙把全城分为东西两部分，东城较小，是当年地方衙署所在地。西城较大，是低级军政人员及百姓的居住区。内城四面各有一座城门，城门前各有翁城一个。瓮城是古代城市的防御设施之一，当敌人攻入瓮城时，将内城门和瓮城门关闭，守军即可对敌方形成“瓮中捉鳖”之势。内城四周各存马面 5 个，城中隔墙外侧存马面 4 个。马面也是一种防御设施，这样守城兵卒可以从不同方向迎击攻城敌人。在内城东、南、北墙和护城壕之间，还有墙体较矮的羊马城，和平之时用于安置羊马牲畜，战时可以狙击进入内城的敌人，形成了内城和外城之间的又一道防御工事。外城西北角有两个土堡，可能为弩台遗址，兵卒通过暗道升至台上，与城邑守军共同夹击敌人。锁阳城外城和内城结合的双城建筑风格，层层设防，体现出了边关军事重镇的建筑特征。

城外东北方向 1 千米处，有一处塔尔寺遗址。塔尔寺是唐、五代及宋元时瓜州地方官员及百姓进行佛事活动的宗教场所。塔尔寺现存大小塔 11 座，寺门南向，东西两侧分置鼓楼及钟楼各一座、僧房数间，院墙呈正方形，面积约 1.5 万平方米。寺院中心有大型庙宇建筑台基，其北面有一座高 10 余米的元代大塔，用土坯砌成，白灰抹面。塔顶为覆钵式结构，塔形庄严雄浑，十分壮观。塔尔寺遗址是佛教在河西地区传播和发展的重要遗存，也是唐僧玄奘西行取经路上讲经说法的著名寺院，其兴衰与锁阳城历史发展脉络基本一致。

锁阳城是丝绸之路上的一大古城，曾在河西政治、经济、文化及军事诸方面的发展中起过非常重要的作用。1996 年，锁阳城被国务院列为第四批全国重点文物保护单位。2014 年，锁阳城作为中国、哈萨克斯坦和吉尔吉斯斯坦三国联合申遗的“丝绸之路：长安－天山廊道路网”中的一处遗址点被列入世界文化遗产名录。